Português Contemporâneo 1

Maria Isabel Abreu
Cléa Rameh

Richard J. O'Brien, S.J.
Editor

Robert Lado
J. Mattoso Camara, Jr.
Consultants

Georgetown University Press, Washington, D.C. 20007

Copyright © 1966, 1971, 1972 by Georgetown University
Printed in the United States of America
Library of Congress Catalog Card Number: 66-25520
International Standard Book Number: ISBN 0-87840-026-5

This edition of *Português Contemporâneo* has been revised to conform to the new orthography established by Brazilian Law number 5765 of December 18, 1971.

FOREWORD

There has long been a need for a basic Portuguese text that applied to this great language the linguistic advances made since World War II in the description of language and in modern methodology.

This was not easy to accomplish since we lacked a descriptive grammar of Portuguese and its contrastive mapping for English speakers to serve as background for the text. Prof. Maria Isabel Abreu upon assuming her duties as Head of the Division of Portuguese at Georgetown University soon showed the rare combination of linguistic understanding, methodological acumen, and feel for her native language to merit our encouragement and urging to undertake the writing of *Português Contemporâneo*.

As the work progressed, we were able to secure the advice of the internationally renowned Brazilian linguist, Prof. Joaquim Mattoso Camara, Jr., who as Visiting Professor at Georgetown lent his great fund of knowledge and experience to the author. Later Cléa Rameh, who had analyzed Portuguese intonation in her Master's thesis at Georgetown, was added to the writing staff with obvious benefit to the text.

I became more and more encouraged with the materials when the students in Professor Abreu's classes reported spontaneously and repeatedly that they were making excellent progress in Portuguese with the new materials, which they felt were a fine example of the new approach to language instruction.

The need for maximally effective contemporary materials in Portuguese was felt with added urgency for the Peace Corps training courses, which required long hours of highly motivated practice that must lead to tangible results to be tested in the field in Brazil. The results were gratifying and convinced us that we must publish the materials and make them available generally.

Revision of the grammatical explanations and student instructions and design of the general format were contributed by Richard J. O'Brien, S.J. of the Department of Theoretical Linguistics, who acted as editor and put the lessons into their final form.

We are convinced that teachers and students using these materials will be the greatest advocates of their quality and effectiveness and that the teaching of Portuguese in the United States has received a major contribution with their publication.

Robert Lado

INTRODUCTION

This is the first of two volumes prepared for a basic course in Portuguese.

The books are based on the concept that learning a language consists in the development of a new set of speech habits and in the acquisition of a thorough mastery of both the sound system of the target language and of its basic structural devices. Thus, to learn another language is to internalize another set of linguistic rules.

Knowing a language can be defined as the capacity for using its complex mechanism by having internalized its phonological, morphological, and syntactical rules plus the foreign language lexicon. To attain this aim whole sentences demand many repetitions until the patterns become automatic items of perception and production. When the student repeats the same pattern with a different context, he does not simply repeat what he has heard. He is learning the molds or arrangements by which the words are put together, and he should soon be able to use a great variety of new words in the same molds.

Português Contemporâneo attempts to provide the student with the necessary exercises to achieve this goal. This basic course in Portuguese consists of forty-two lessons plus an introductory lesson. Of these lessons twenty-two are presented in the first volume in addition to an introductory lesson which presents the student with the basic intonation patterns of the language, some familiar expressions, and a summary of the sounds of Brazilian Portuguese to acquaint him with the general phonological system of the language.

Each of the twenty-two lessons consists of the following parts:

(1) A dialogue. Each lesson is built around a short and realistic dialogue which provides examples of the structures to be studied and serves as the basis for drills. The dialogue should be thoroughly memorized by the student. It should be learned first in class, then in the laboratory, and finally should be repeated by the student with his book closed. The student should only look at the written page after memorization has been attained.

(2) Notes. The notes following the dialogue should be read outside of class. They are intended to give the beginning student some insight into the culture of Brazil and of its set of values.

(3) Pronunciation Practice. The pronunciation drills provide an opportunity to practice and master first for recognition and then for production, the sounds of Portuguese, especially those which prove difficult for American students. The student should first listen to the instructor until he is able to recognize the sound presented and then repeat the sound after the instructor first in unison, then individually, first as they appear in each column and then in the contrasting pairs when such contrasting pairs occur.

(4) Structure and drills. The grammar sections consist of examples drawn from previous dialogues, explanations of the new point of structure, illustrative examples, and drills on the new point of structure.

The examples, presented orally by the instructor, should be repeated by the student and then written on the board by the instructor.

The explanations are short as the student does not need to talk about the language but to practice it. The grammar drills attempt to furnish enough practice in the basic patterns to enable the student to use and respond to these patterns automatically.

The purpose and directions for each drill should be made clear to the student before the drill begins. Thus, before having the students respond to the cue, the instructor should answer the first two or three items and have the students repeat after him. The exercises containing two responses for each cue are intended to be practiced by the instructor and two students.

The drills should move easily and quickly. This will occur if the student has thoroughly memorized the dialogues.

In doing the drills in class or in the laboratory, the student should keep his book closed. However, in preparing for class, should no laboratory be available, the student may use his book. Covering the response with a card, he can attempt to produce the correct response for each cue.

When a student in going through the drills answers incorrectly, it is inefficient for the instructor to stop and explain the mistake. Rather he should simply give the correct answer and go on, taking care later to repeat the missed item or offer further practice on the same structure.

The language used in the lessons is the dialect of Portuguese spoken in Central Brazil. But, the exercises may be adapted to the dialect of any major area of Brazil or Portugal.

The authors would like to express their gratitude to all who have made possible the completion of this course.

We owe our greatest debt of gratitude to Dean Robert Lado, both for his constant encouragement and valuable suggestions and for his research on the methodology of second language teaching. Dr. J. Mattoso Camara, Jr. has always given his prompt support and has made available for us the findings of his research on the structure of Portuguese. Professor Richard J. O'Brien, S.J.

contributed devoted editorial work, especially assistance in restating the explanations of structure.

Dr. Mary Chamberlain translated the dialogues and revised the notes. Dr. Francisco Casado Gomes and Professor Laura Zamarin undertook the laborious task of proofreading. William Stewart, William Higgins and Mario Parreaguirre made suggestions on both content and style. Margaret Moore prepared the final vocabulary with the assistance of Ferdinand Zogar, William Haverland, Donald Haerr, Joseph Pitterich, and Louis Shephard. Phillip Hilts and Donald Barnett selected and prepared the photographs. Dyla Alves and Everett Larson typed the manuscript.

Rev. George Dunne, S.J. helped in many ways. The teachers and volunteers of the 1965 Peace Corps Training Program and the students of the basic Portuguese class at the School of Languages and Linguistics contributed many useful suggestions while the materials were still in their experimental stages.

To those mentioned, to the Brazilian American Cultural Institute, the Pan American Union, and Varig Air Lines who contributed photographs and to all who have helped us in any way our sincerest thanks.

All these contributions were very helpful but in the last analysis the authors are responsible for the final decisions affecting this volume. We are most grateful to all who have sent us their comments and welcome any criticism which will improve subsequent editions.

This edition of *Português Contemporâneo* has been revised to conform to the new orthography established by Brazilian Law number 5765 of December 18, 1971.

Maria Isabel Abreu
Cléa Rameh

Contents

List of Illustrations

Photos

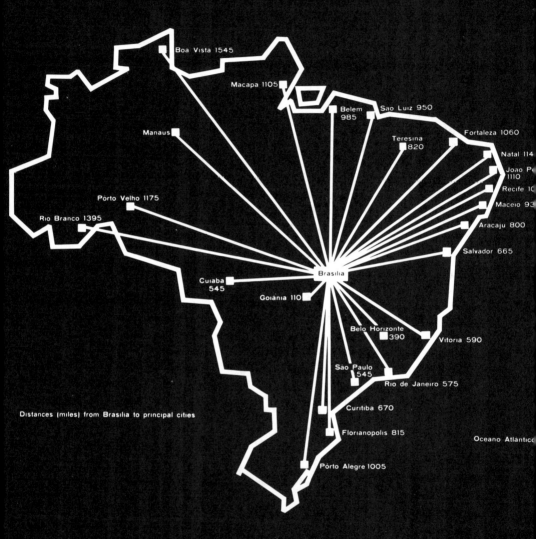

Boa Vista 1545

Macapa 1105

Manaus

Belem
985

Sao Luiz 950

Teresina
820

Fortaleza 1060

Natal 114

Joao Pe
1110

Recife 10

Maceio 93

Porto Velho 1175

Rio Branco 1395

Aracaju 800

Salvador 665

Brasilia

Cuiaba
545

Goiania 110

Belo Horizonte
390

Vitoria 590

São Paulo
545

Rio de Janeiro 575

Distances (miles) from Brasilia to principal cities

Curitiba 670

Florianopolis 815

Oceano Atlântico

Porto Alegre 1005

Cumprimentos

'Greetings'

Doutor Alceu e Senhor Luís

A: Bom dia.
　'Good morning.'
L: Bom dia.
　'Good morning.'
A: Como vai o senhor?
　'How are you? '
L: Vou bem, obrigado, e o senhor?
　'Fine, thank you, and you? '
A: Bem, obrigado.
　'Fine, thank you.'
L: Até logo.
　'Goodbye.'
A: Até logo.
　'Goodbye.'

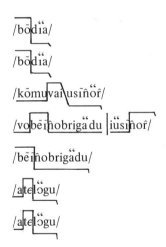

Dona Dulce e Dona Amélia

D: Boa tarde.
　'Good afternoon.'
A: Boa tarde.
　'Good afternoon.'
D: Como vai a senhora?
　'How are you? '
A: Vou bem, obrigada, e a senhora?
　'Fine, thank you, and you? '

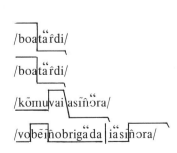

1

D: Bem, obrigada.
  'Fine, thank you.'   /bẽĩñobrigada/

A: Até amanhã.
  'Goodbye.'   /ateamãñã/

D: Até amanhã.
  'Goodbye.'   /ateamãñã/

Doutor Alceu e Dona Dulce

A: Boa noite.
  'Good evening.'   /boanõiti/

D: Boa noite.
  'Good evening.'   /boanõiti/

A: Como vai a senhora?
  'How are you? '   /kõmuvai\asĩñɔra/

D: Bem, obrigada, e o senhor?
  'Fine, thank you, and you? '   /bẽĩñobrigada |iusĩñoî/

A: Bem, obrigado.
  'Fine, thank you.'   /bẽĩñobrigadu/

D: Até amanhã.
  'Good night.'   /ateamãñã/

A: Até amanhã.
  'Good night.'   /ateamãñã/

The preceding are typical greetings which Portuguese speakers exchange upon meeting or taking leave of each other. The formulae correlate with the time of day: morning, afternoon, and evening.

The most important matter to be learned in this introductory lesson is an acceptable pronunciation of these formulae. To achieve this imitate the model presented by your instructor or the tape as closely as possible. Concentration on pronunciation now will do much to establish correct habits. Pay special attention to the intonation.

PRINCIPAL INTONATION PATTERNS

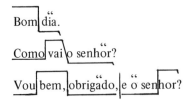

Bom dia.

Como vai o senhor?

Vou bem, obrigado, e o senhor?

(1a)			
Bom dia.	/bódia/	Bem, obrigado.	/bēiñobrigadu/
Boa tarde.	/boatafdi/	Até logo.	/atélɔgu/
Boa noite.	/boanoiti/	Até amanhã.	/ateamãñã/

(1b)

Como vai o senhor? /kõmuvai usiñof/

Como vai a senhora? /kõmuvai asiñora/

(2)

Vou bem, obrigado, e o senhor? /vobēiñobrigadu iusiñof/

Vou bem, obrigado, e a senhora? /vobēiñobrigadu iasiñɔra/

(3)

O senhor vai bem? /usiñof vaibēi/

A senhora vai bem? /asiñɔra vaibēi/

3: high
2: mid
1: low

(1a) The intonation pattern of a statement is /2-3-1"/. The last stressed syllable carries the phrase stress (") and occurs on pitch 1. The immediately preceding stressed syllable occurs on pitch 3. At the end of the sentence the pitch of the voice goes down.

(1b) The intonation pattern of a question which includes a question word is usually pattern (1a).

(2) The intonation pattern of an unfinished utterance is /2-3-2"/. The last stressed syllable carries the phrase stress (") and occurs on pitch 2; while the stressed syllable immediately before it occurs on pitch 3. At the end of the phrase there is an abrupt cessation of the voice and the pitch is sustained.

(3) The intonation pattern which marks an intonation question is /2"-3/. The last stressed syllable occurs on pitch 3, but the syllable

immediately before carries the phrase stress (")
and occurs on pitch 2. At the end of the pattern
the voice fades and generally falls sharply.

Practice pattern (1a) by imitating as closely as possible the model presented
by the instructor or the tape.

Outra vez.	/o traves/
'Again.'	
Por favor.	/pur favor/
'Please.'	
Fale mais devagar.	/fali maiz divagar/
'Speak slowly.'	
Abram os livros.	/abrãũ uzlívrus/
'Open your books.'	
Fechem os livros.	/feśēĩ uzlivrus/
'Close your books.'	
Muito obrigado.	/mũĩtu obrigadu/
'Thank you (masc.).'	
Muito obrigada.	/mũĩtu obrigada/
'Thank you (fem.).'	
De nada.	/dinada/
'You're welcome.'	
Compreendo, sim.	/kõpriẽdu sĩ/
'Yes, I understand.'	
Não compreendo.	/nãũ kõpriẽdu/
'No, I don't understand.'	
Um pouco.	/ũpoku/
'A little.'	
Preste atenção.	/presti atẽsãũ/
'Pay attention.'	
Repita.	/repíta/
'Repeat.'	
Com licença.	/kolisẽsa/
'Excuse me.'	
Pois não.	/poiznãũ/
'That's all right.'	
Desculpe.	/diskulpi/
'I'm sorry.'	
Peça a caneta.	/pesa akaneta/
'Ask for the pen.'	
Agora conte.	/agɔrakõti/
'Now count.'	

Practice the pattern (1b) by imitating as closely as possible the model presented by the instructor or the tape.

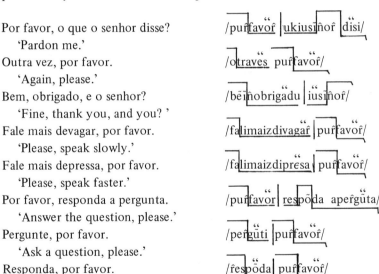

O que é aquilo?
  'What's that? '
/ukɪe akĩlu/

O que é isto?
  'What's this? '
/ukɪe istu/

O que quer dizer esta palavra?
  'What does this word mean?
/ukikeɾdɪzeɾesta palavra/

Como é o seu nome?
  'What's your name? '
/kõmɪe useunõmi/

Onde é a sala de aula?
  'Where's the classroom? '
/õdie asaladiaula/

Practice the pattern (2) by imitating as closely as possible the model presented by the instructor or the tape.

Por favor, o que o senhor disse?
  'Pardon me.'
/puɾfavoɾ ukiusĩñoɾ disi/

Outra vez, por favor.
  'Again, please.'
/otraves puɾfavoɾ/

Bem, obrigado, e o senhor?
  'Fine, thank you, and you? '
/bẽiñobrigadu iusĩñoɾ/

Fale mais devagar, por favor.
  'Please, speak slowly.'
/falimaizdivagaɾ puɾfavoɾ/

Fale mais depressa, por favor.
  'Please, speak faster.'
/falimaizdipresa puɾfavoɾ/

Por favor, responda a pergunta.
  'Answer the question, please.'
/puɾfavoɾ respõda apeɾgũta/

Pergunte, por favor.
  'Ask a question, please.'
/peɾgũti puɾfavoɾ/

Responda, por favor.
  'Answer, please.'
/respõda puɾfavoɾ/

Practice the pattern (3) by imitating as closely as possible the model presented by the instructor or the tape.

Você fala português?
  'Do you speak Portuguese? '
/vosefala portuges/

O senhor fala português?
  'Do you speak Portuguese? '
/usiñoɾ fala portuges/

Você compreende?
   'Do you understand? '
O senhor compreende?
   'Do you understand? '
O senhor vai bem?
   'Are you well? (masc.)'
A senhora vai bem?
   'Are you well? (fem.)'
Vocês estão neste curso?
   'Are you in this course? '

/vosẽ kõpriẽdi/

/usĩñoř kõpriẽdi/

/usĩñoř vaibẽĩ/

/asĩñɔra vaibẽĩ/

/vosezistãũ nestikuřsu/

SUMMARY OF THE SOUNDS OF BRAZILIAN PORTUGUESE

This section presents for reference a brief summary of the sound system of Brazilian Portuguese together with a list of the sounds which prove most troublesome to native speakers of English. Pronunciation practice for individual sounds is provided in subsequent lessons.

Vowels

	Front	Center	Back
High	i (ĩ)		u (ū)
Mid high	e (ẽ)		o (õ)
Mid low	ε		ɔ
Low		a (ã)	

= nasalization

Examples

Oral Vowels	Stressed	Unstressed		
		Before stress	After stress	
			(nonfinal)	(final)
/i/	lido	vizinho	último	cabide
/e/	sede	chegou	gênero	...
/ε/	sede	...	...	...
/a/	casa	razão	sílaba	mala
/ɔ/	senhora	...	...	...
/o/	senhor	progresso	prólogo	...
/u/	grupo	rudeza	vocábulo	lado

In unstressed position /e/ and /o/ are more common in the southern part of Brasil, /ɛ/ and /ɔ/ are more common in the northern part.

Oral diphthongs

/ei/	jeito	/oi/	boi	/ɛu/	chapéu
/ɛi/	papéis	/ui/	Rui	/au/	nau
/ai/	caixa	/iu/	viu	/ou/	roubo
/ɔi/	faróis	/eu/	deu		

/ou/ does not occur in the speech of many people or it is in free variation with /o/.

Nasal vowels

/ĩ/	lindo
/ẽ/	vende
/ã/	ambos
/õ/	tonιo
/ũ/	cumpro

Nasal diphthongs

/ẽĩ/	bem
/ãĩ/	mãe
/õĩ/	põe
/ũĩ/	muito
/ãũ/	não

Consonants

		B	L	A	P	V	U	
Stops	vl	p		t		k		B: bilabial
	vd	b		d		g		L: labiodental
Fricatives	vl		f	s	ŝ	x[1]		A: alveolar
	vd		v	z	ẑ			P: palatal
Nasals	vd	m		n	ñ			V: velar
Laterals	vd			l	ɬ			U: uvular
Trills	vl			r̂[1]			R[1]	
Flap	vd			r				

[1] Only one of these sounds occur in any given dialect. In the transcription used in this book the symbol /r̂/ represents any one of these variants.

Examples

Consonants				Consonant clusters	
Initial	Medial	Final		Initial	Medial
/p/ pato	mapa	. . .	/pr/	pranto	compra
/b/ bato	cabo	. . .	/br/	branco	cobra
/t/ tapa	mato	. . .	/tr/	tropa	entra
/d/ dado	modo	. . .	/dr/	drama	madre
/k/ cada	maca	. . .	/kr/	cravo	escravo
/g/ gado	afago	. . .	/gr/	grupo	regra
/f/ fado	ênfase	. . .	/fr/	fraco	refresco
/v/ vaga	avô	. . .	/vr/	. . .	livro
/s/ sapo	massa ⌉		/pl/	plano	explica
/z/ zaga	casa	mais[1]	/bl/	blusa	neblina
/ŝ/ chapa	acha		/kl/	claro	reclama
/ẑ/ jato	haja ⌋		/gl/	globo	englobar
/m/ mato	lama	. . .	/fl/	flor	aflito
/n/ nada	cana	. . .			
/ñ/ nhonhô	manhã	:. . .			
/r̂/ ⌉					
/x/ rua	carro	calor			
/R/ ⌋					
/l/ lado	mala	mal[2]			
/ł/ lhe	malha	. . .			
/r/ . . .	caro	. . .			

In some dialects, /t/ and /d/ have the variants [ĉ] and [ĵ] before /i/.

[1] At the end of a syllable a Brazilian speaker may have either /s/ and /z/ or /ŝ/ and /ẑ/ depending upon the part of the country from which he comes. Whether it is the voiceless or voiced variant which occurs depends upon the following sound.

[2] In some parts of Brazil, /u/ is frequently substituted for final /l/.

Although three levels of stress may be distinguished in Brazilian Portuguese, only primary stress (´) and phrase or sentence stress (") have been marked in the transcriptions so as not to distract the beginning student by too many diacritical marks.

The following sounds usually prove difficult for native speakers of English. Thus the student's attention is called to the fact that he may require further assistance from his instructor if he does not succeed in producing these sounds merely by imitation.

/x/   dorso velar voiceless (or voiced) fricative
/r̂/   apico alveolar voiceless trill
/R/   uvular voiceless trill
/r/   apico alveolar voiced flap
/ł/   front palatal voiced lateral
/ñ/   front palatal voiced nasal
/ẑ/   front palatal voiced fricative in the beginning of words
/s/   the neutralization of the /s/ vs. /z/ contrast in final position within the syllable
/˜/   nasalization of vowels
/ɛ/   lower mid front unrounded vowel in contrast with /e/ high mid front unrounded vowel without a glide
/ɔ/   lower mid back round vowel in contrast with /o/ high mid back round vowel without glide

I
Apresentação

Dona Dulce, Paulo e outros alunos

D: Eu sou professora. O meu nome é Dulce. Como é o seu nome?
P: O meu nome é Paulo. Eu sou aluno.
D: Muito prazer, Senhor Paulo.
P: Muito prazer, Dona Dulce.
D: E o senhor é professor?
A: Não senhora, eu sou aluno.
D: Os senhores são todos alunos?
A: Somos, sim senhora.

Introductions

D: I'm a teacher. My name is Dulce. What's your name?
P: My name is Paulo. I'm a student.
D: How do you do, Senhor Paulo.
P: How do you do, Dona Dulce.
D: Are you a teacher?
A: No, *senhora*. I'm a student.
D: Are you all students?
A: Yes, we are, *senhora*.

NOTES

Shaking hands is a common practice in Brazil. Brazilians shake hands at the slightest opportunity: when they meet people, when they see friends or say goodbye to them, even when these are people they see everyday. Their shaking hands is less formal and warmer than is customarily the case in the United States and it is often followed by a slight *abraço*. Thus when the instructor uses this gesture to introduce himself, the students should try to imitate him as closely as possible.

Dona is used as a title before a lady's first name. *Senhora* or *Senhorita*, used before her family name, is more rare and often sounds artificial and pedantic.

Professor, Professora does not have the same meaning as in English; it means teacher at any level.

PRONUNCIATION PRACTICE

(1) /o/ vs. /ɔ/

Repeat after the instructor or the tape, imitating the model as closely as possible. The Portuguese /o/ is not followed by the glide which accompanies the closest comparable English sound. /ɔ/ differs from /o/ in that the tongue lies lower in the mouth.

/o/		/ɔ/	
/só/	sou	/sɔ́/	só
/pódi/	pôde	/pɔ́di/	pode
/kóru/	coro	/kɔ́ru/	coro
/tóru/	touro	/tɔ́ru/	toro
/sóku/	soco	/sɔ́ku/	soco
/móru/	mouro	/mɔ́ru/	moro
/ŕódu/	rodo	/ŕɔ́du/	rodo
/sĩ̂ɔ̂ŕ/	senhor	/sĩ̂ɔ̂ra/	senhora
/avó/	avô	/avɔ́/	avó
/vovó/	vovô	/vovɔ́/	vovó

(2) /o/ vs. /õ/

Repeat after the instructor or the tape, imitating the model as closely as possible. /o/ is oral; /õ/ is nasal.

/o/		/õ/	
/só/	sou	/sṍ/	som
/dó/	dou	/dṍ/	dom
/ósa/	ouça	/ṍsa/	onça
/bóba/	boba	/bṍba/	bomba
/ŕóka/	rouca	/ŕṍka/	ronca
/lóbu/	lobo	/lṍbu/	lombo
/pópa/	popa	/pṍpa/	pompa
/ŕódu/	rodo	/ŕṍdu/	rondo
/ŕóbu/	roubo	/ŕṍbu/	rombo

STRUCTURE AND DRILLS

(1) Present tense of *ser*, the number and gender of nouns, and the definite article

Eu sou professora.
Como é o seu nome?
Os senhores são todos alunos?
Somos, sim senhora.

The present tense of the irregular verb *ser* shows the following forms:

ser

eu	sou	nós	somos
o senhor a senhora o professor ele ela a Susana	é	os senhores as senhoras as alunas os professores eles a Dona Dulce e o Senhor Luís	são

Number and gender of nouns and the definite article

Masculine		Feminine	
Singular	Plural	Singular	Plural
o aluno	os alunos	a aluna	as alunas
o senhor	os senhores	a senhora	as senhoras
o professor	os professores	a professora·	as professoras

Almost all nouns ending in *-o* or *-or* are masculine. Nouns ending in *-a* are usually feminine.

If a noun ends in a vowel, its plural is formed by adding *-s*.

If a noun ends in a consonant, the plural is often formed by adding *-es*.

Articles agree in gender and number with the noun with which they stand in construction.

Repeat the following sentences after the instructor or the tape.

Eu sou professor.	Nós somos professores.
Eu sou professora.	Nós somos professoras.
Eu sou aluno.	Nós somos alunos.
Eu sou aluna.	Nós somos alunas.

O senhor é professor	Os senhores são alunos.
A senhora é professora.	As senhoras são alunas.
O senhor é aluno.	Os senhores são professores.
A senhora é aluna.	As senhoras são professoras.

O Senhor Luís é professor	Eles são alunos
A Dona Dulce é professora.	A Ana Maria e a Helena são alunas.
O Paulo é aluno.	O Senhor Luís e a Dona Dulce são
A Ana Maria é aluna.	professores.
Ele é aluno.	
Ela é professora.	Elas são professoras.

Substitute the cued word in the model and make the necessary changes.

	Eu sou aluno.
a senhora	A senhora é aluna.
o Paulo e a Helena	O Paulo e a Helena são alunos.
o Paulo	O Paulo é aluno.
os senhores	Os senhores são alunos.
nós	Nós somos alunos.
ela	Ela é aluna.
as senhoras	As senhoras são alunas.

	Eu sou professor.
nós	Nós somos professores.
o Senhor Luís e a Dona Dulce	O Senhor Luís e a Dona Dulce são
	professores.
o Senhor Luís	O Senhor Luís é professor.
os senhores	Os senhores são professores.
as senhoras	As senhoras são professoras.
ele	Ele é professor.
a senhora	A senhora é professora.

Substitute the cued word at the beginning or end of the model sentence as indicated.

	Nós somos alunos.
. . . professores	Nós somos professores.
eles . . .	Eles são professores.
a senhora . . .	A senhora é professora.
. . . aluna	A senhora é aluna.
eu . . .	Eu sou aluna (aluno).
os senhores . . .	Os senhores são alunos.
. . . professoras	As senhoras são professoras.

a Dona Dulce . . .	A Dona Dulce é professora.
os senhores . . .	Os senhores são professores.
. . . aluno	O senhor é aluno.
nós . . .	Nós somos alunos.
. . . professores	Nós somos professores.
eu . . .	Eu sou professor.

Change the following sentences to the plural.

Ela é professora.	Elas são professoras.
Eu sou aluno.	Nós somos alunos.
O senhor é professor.	Os senhores são professores.
Ele é aluno.	Eles são alunos.
Eu sou professor.	Nós somos professores.
O senhor é aluno.	Os senhores são alunos.
Eu sou professora.	Nós somos professoras.
A senhora é aluna.	As senhoras são alunas.
Ele é professor.	Eles são professores.
Ela é aluna.	Elas são alunas.

Repeat the above drill, this time changing the plural sentences in the right hand column to the singular form.

(2) Intonation questions

O senhor é professor?
Os senhores são todos alunos?

Some questions in Portuguese do not show a question word; they are indicated by intonation alone.

Statement:	Os senhores são alunos.
Intonation question:	Os senhores são alunos?
	A Dona Dulce é professora?
	A Dona Dulce e o Senhor Luís são professores?

Change the following statements to intonation questions.

Eles são alunos.	Eles são alunos?
O senhor é aluno.	O senhor é aluno?
Os senhores são todos alunos.	Os senhores são todos alunos?
As senhoras são alunas.	As senhoras são alunas?
Ela é aluna.	Ela é aluna?
Eu sou aluna.	Eu sou aluna?
A Helena é aluna.	A Helena é aluna?
Nós somos todos alunos.	Nós somos todos alunos?
A Helena e o Paulo são alunos.	A Helena e o Paulo são alunos?
Elas são todas alunas.	Elas são todas alunas?

(3) Affirmative short answers

Os senhores são todos alunos?   Somos, sim senhora.

Notice the form of affirmative short answers:

O seu nome é Paulo?	É, sim senhor (senhora).
O meu nome é Dulce?	É, sim senhora.
O senhor é aluno?	Sou, sim senhor (senhora).
Os senhores são todos alunos?	Somos, sim senhor (senhora).
Eu sou professor?	É, sim senhor.
O Senhor Luís é professor?	É, sim senhor (senhora).
A Dona Dulce é professora?	É, sim senhor (senhora).

Give an affirmative short form answer to each of the following questions.

O senhor é aluno?	Sou, sim senhor (senhora).
A Dona Dulce é professora?	É, sim senhor (senhora).
Os senhores são todos alunos?	Somos, sim senhor (senhora).
Eu sou professor?	É, sim senhor.
O Senhor Luís é professor?	É, sim senhor (senhora).
A Ana Maria e a Helena são alunas?	São, sim senhor (senhora).
O seu nome é _____?	É, sim senhor (senhora).
O meu nome é Dulce?	É, sim senhora.
As senhoras são alunas?	Somos, sim senhor (senhora).
O Paulo é aluno?	É, sim senhor (senhora).

(4) Negative answers

O senhor é professor? Não senhora, eu sou aluno.

Notice the form of the negative answers:

O senhor é professor?	Não senhor (senhora), eu sou aluno.
O seu nome é Ana Maria?	Não senhor (senhora), o meu nome é Helena.
As senhoras são alunas?	Não senhor (senhora), nós somos professoras.
A Ana Maria e a Helena são professoras?	Não senhor (senhora), elas são alunas.

Give a negative answer to each of the following questions.

O senhor é professor?   Não senhor (senhora), eu sou aluno.
O seu nome é Ana Maria?   Não senhor (senhora), o meu nome é _____.
O Senhor Luís e a Dona Dulce são alunos?   Não senhor (senhora), eles são professores.
Os senhores são professores?   Não senhor (senhora), nós somos alunos.
O meu nome é Paulo?   Não senhor (senhora), o seu nome é _____.

Eu sou aluno?   Não senhor, o senhor é professor.
O seu nome é Luís?   Não senhor (senhora), o meu nome é _____.
Eles são professores?   Não senhor (senhora), eles são alunos.
As senhoras são professoras?   Não senhor (senhora), nós somos alunas.
A Dona Dulce é aluna?   Não senhor (senhora), ela é professora.

One student forms a question with the cued words; another student gives an appropriate answer.

o senhor / professor   O senhor é professor?
     Não senhor, eu sou aluno.
elas / alunas   Elas são alunas?
     São, sim senhor.
a Dona Dulce / professora   A Dona Dulce é professora?
     É, sim senhor.
o seu nome / Paulo   O seu nome é Paulo?
     Não senhor, o meu nome é _____.
os senhores / alunos   Os senhores são alunos?
     Somos, sim senhor.
a senhora / aluna   A senhora é aluna?
     Sou, sim senhora.

eles / professores	Eles são professores?
	Não senhor, êles são alunos.
nós / alunos	Nós somos alunos?
	Somos, sim senhor.
as senhoras / professoras	As senhoras são professoras?
	Não senhor, nós somos alunas.
as senhoras / alunas	As senhoras são alunas?
	Somos, sim senhor.
eu / aluno	Eu sou aluno?
	É, sim senhor.
a Helena / aluna	A Helena é aluna?
	É, sim senhor.
o Senhor Luís e a Dona Dulce / alunos	O Senhor Luís e a Dona Dulce são alunos?
	Não senhor, eles são professores.
eles / alunos	Eles são alunos?
	São, sim senhor.
o Senhor Luís / professor	O Senhor Luís é professor?
	É, sim senhor.

2
Línguas e nacionalidades

Maria Teresa e Susana

T: Boa tarde, Susana.
S: Boa tarde, Maria Teresa.
T: Você fala inglês?
S: Falo sim, eu sou americana. Eu sou dos Estados Unidos.
T: Ah, é? Mas você fala português muito bem.
S: Eu estudo e pratico todos os dias. E você é brasileira?
T: Sou sim. Eu não falo inglês. No Brasil nós falamos português.
S: Muita gente pensa que vocês falam espanhol.

Language and nationality

T: Hello, Susana.
S: Hello, Maria Teresa.
T: Do you speak English?
S: Yes. I'm an American. I'm from the United States.
T: Oh, are you? But you speak Portuguese very well.
S: I study and practice every day. Are you Brazilian?
T: Yes. I don't speak English. In Brazil we speak Portuguese.
S: A lot of people think you (Brazilians) speak Spanish.

NOTES

Você 'you (sg.)' and *vocês* 'you (pl.)' are generally used among people of the same age or among those who know each other quite well. Otherwise *senhor, senhora, senhores, senhoras* are the forms commonly employed.

21

Maria is frequently the first element of a woman's double name, as in *Maria Teresa*; the converse is also common, as in *Ana Maria*. *Maria* by itself has been avoided in the last generation as it had been overused.

PRONUNCIATION PRACTICE

(1) /a/ vs. /ã/

Repeat these contrasting sounds after your teacher or the tape. Imitate the model as closely as possible. /a/ is oral; that is, in the production of this sound the air escapes through the mouth. /ã/ is nasal; that is, in the production of this sound some of the air escapes through the nose.

/a/		/ã/	
/lá/	lá	/lã́/	lã
/irá/	irá	/irã́/	Irã
/káta/	cata	/kã́ta/	canta
/áta/	ata	/ã́ta/	anta
/máta/	mata	/mã́ta/	manta
/bátu/	bato	/bã́tu/	banto
/bába/	baba	/bã́ba/	bamba
/lásu/	laço	/lã́su/	lanço

(2) /au/ vs. /ãũ/

Repeat these contrasting diphthongs after your teacher or the tape. /au/ is oral; /ãũ/ is nasal.

/au/		/ãũ/	
/páu/	pau	/pã́ũ/	pão
/máu/	mau	/mã́ũ/	mão
/náu/	nau	/nã́ũ/	não
/váu/	vau	/vã́ũ/	vão
/ẑiráu/	jirau	/ẑirã́ũ/	girão
/piáu/	piau	/piã́ũ/	pião
/táu/	tau	/tã́ũ/	tão
/gráu/	grau	/grã́ũ/	grão

(3) /ã́ũ/ vs. /ãũ/

Repeat these contrasting diphthongs after your teacher or the tape. /ã́ũ/ is stressed; /ãũ/ is unstressed.

/ãũ/		/ãũ/	
/ẑiráũ/	girão	/ẑírãũ/	giram
/limáũ/	limão	/límãũ/	limam
/kãtáũ/	cantão	/kã́tãũ/	cantam
/galáũ/	galão	/gálãũ/	galam
/babáũ/	babão	/bábãũ/	babam
/pẽsáũ/	pensão	/pẽ́sãũ/	pensam
/trabaɫáũ/	trabalhão	/trabáɫãũ/	trabalham
/r̃ĩŝáũ/	rinchão	/r̃ĩŝãũ/	rincham
/asáũ/	ação	/ásãũ/	assam

STRUCTURE AND DRILLS

(1) Present tense of -ar verbs

Eu estudo e pratico todos os dias.
Você fala inglês?
No Brasil nós falamos português.
Vocês falam espanhol.

The present tense of -ar verbs, e.g. *falar, estudar, praticar, pensar, cantar* 'sing', *trabalhar* 'work', shows the following forms:

fal-ar

eu	fal-o	nós	fal-amos
você o senhor a senhora ele ela	fal-a	vocês os senhores as senhoras eles elas	fal-am

Substitute the cued word in the model sentence and make the necessary changes.

	Você fala português muito bem.
nós	Nós falamos português muito bem.
vocês	Vocês falam português muito bem.
os alunos	Os alunos falam português muito bem.
eu	Eu falo português muito bem.
a Ana Maria	A Ana Maria fala português muito bem.
as senhoras	As senhoras falam português muito bem.

o senhor	O senhor fala português muito bem.
elas	Elas falam português muito bem.
	Nós praticamos a língua.
vocês	Vocês praticam a língua.
a senhora	A senhora pratica a língua.
eu	Eu pratico a língua.
você	Você pratica a língua.
o senhor	O senhor pratica a língua.
as alunas	As alunas praticam a língua.
os senhores	Os senhores praticam a língua.
o Senhor Luís	O Senhor Luís pratica a língua.
	A aluna estuda inglês todos os dias.
a senhora	A senhora estuda inglês todos os dias.
eu e você	Eu e você estudamos inglês todos os dias.
eu	Eu estudo inglês todos os dias.
os alunos	Os alunos estudam inglês todos os dias.
a Ana Maria	A Ana Maria estuda inglês todos os dias.
vocês	Vocês estudam inglês todos os dias.
muita gente	Muita gente estuda inglês todos os dias.
o senhor	O senhor estuda inglês todos os dias.
	Muita gente pensa que vocês falam espanhol.
eu	Eu penso que vocês falam espanhol.
as professoras	As professoras pensam que vocês falam espanhol.
nós	Nós pensamos que vocês falam espanhol.
a Dona Dulce	A Dona Dulce pensa que vocês falam espanhol.
os americanos	Os americanos pensam que vocês falam espanhol.
eu e ele	Eu e ele pensamos que vocês falam espanhol.
os alunos	Os alunos pensam que vocês falam espanhol.
a Susana	A Susana pensa que vocês falam espanhol.

Answer these questions with an affirmative statement.

A Susana fala português?	Fala, sim senhor (senhora).
O senhor fala inglês?	Falo, sim senhor.
Os senhores estudam português?	Estudamos, sim senhor.
A Susana pratica a língua todos os dias?	Pratica, sim senhor.
Os senhores falam inglês?	Falamos, sim senhor.
Os alunos praticam português?	Praticam, sim senhor.
O senhor pensa em inglês?	Penso, sim senhor.
Eu penso em português?	Pensa, sim senhor.
Os professores cantam em português?	Cantam, sim senhor.
Você canta em espanhol?	Canto, sim senhor.

Answer these questions with a negative statement.

A Maria Teresa fala inglês?	Não senhor (senhora), ela fala português.
Os senhores estudam espanhol?	Não senhor, nós estudamos português.
A senhora fala espanhol?	Não senhor, eu falo português.
Os alunos praticam inglês?	Não senhor, eles praticam português.
O senhor pensa em português?	Não senhor, eu penso em inglês.
Eu penso em inglês?	Não senhor, o senhor pensa em português.
Eu trabalho no Brasil?	Não senhor, o senhor trabalha nos Estados Unidos.
Os senhores cantam em espanhol?	Não senhor, nós cantamos em português.

Give the affirmative or negative answer which each question requires.

O senhor fala inglês?	Falo, sim senhor (senhora).
Os senhores estudam português?	Estudamos, sim senhor.
Os brasileiros falam espanhol?	Não senhor, eles falam português.
Os americanos falam inglês?	Falam, sim senhor.

No Brasil eles falam espanhol?	Não senhor, eles falam português.
O senhor pensa em português?	Não senhor, eu penso em inglês.
Os americanos falam português?	Não senhor, eles falam inglês.
Os senhores praticam português?	Praticamos, sim senhor.

(2) Sentences in the negative form

Eu não sou americana.
Eu não falo inglês.

In negative sentences *não* occurs immediately before the verb.

> No Brasil nós não falamos espanhol.
> Ela não estuda todos os dias.
> Você não é americana.

Substitute the cued word in the model sentence and make the necessary changes.

	Eu não falo inglês.
estudo	Eu não estudo inglês.
pratico	Eu não pratico inglês.
penso em	Eu não penso em inglês.
canto em	Eu não canto em inglês.
sou	Eu não sou inglês.

	Você não estuda todos os dias.
nós	Nós não estudamos todos os dias.
a Ana Maria	A Ana Maria não estuda todos os dias.
vocês	Vocês não estudam todos os dias.
eu	Eu não estudo todos os dias.
os alunos	Os alunos não estudam todos os dias.

	Ela não trabalha devagar.
eu	Eu não trabalho devagar.
os professores	Os professores não trabalham devagar.
nós	Nós não trabalhamos devagar.
a senhora	A senhora não trabalha devagar.
os senhores	Os senhores não trabalham devagar.

Change the following sentences to the negative form.

Muita gente fala inglês.　　　　　Muita gente não fala inglês.
Eu sou americana.　　　　　　　Eu não sou americana.
Vocês falam espanhol.　　　　　Vocês não falam espanhol.
Os senhores são brasileiros.　　Os senhores não são brasileiros.

Ele é dos Estados Unidos.　　　Ele não é dos Estados Unidos.
Vocês estudam português.　　　Vocês não estudam português.
A Ana Maria estuda todos os dias.　A Ana Maria não estuda todos os dias.
Você pensa em português.　　　Você não pensa em português.

(3) Countries, nationalities, and languages

Eu sou americana.
Eu sou dos Estados Unidos.
Você é brasileira?
No Brasil nós falamos português.

The following are some countries, nationalities, and languages. The Portuguese words for the various nationalities can be used either as nouns or as adjectives.

Country	País	Nacionalidade	Língua
Portugal	Portugal	português	português
England	Inglaterra	inglês	inglês
France	França	francês	francês
Japan	Japão	japonês	japonês
United States	Estados Unidos	americano	inglês
Italy	Itália	italiano	italiano
Mexico	México	mexicano	espanhol
Brazil	Brasil	brasileiro	português
Spain	Espanha	espanhol	espanhol
Germany	Alemanha	alemão	alemão
Canada	Canadá	canadense	inglês
			francês

Substitute the cued word in the model sentence.

	O aluno é americano.
português	O aluno é português.
alemão	O aluno é alemão.
canadense	O aluno é canadense.
japonês	O aluno é japonês.
mexicano	O aluno é mexicano.
espanhol	O aluno é espanhol.
brasileiro	O aluno é brasileiro.
inglês	O aluno é inglês.

	Nós cantamos em português.
francês	Nós cantamos em francês.
italiano	Nós cantamos em italiano.
espanhol	Nós cantamos em espanhol.
alemão	Nós cantamos em alemão.
japonês	Nós cantamos em japonês.
inglês	Nós cantamos em inglês.

Review this lesson by substituting the cued word in its proper place in the sentence.

	Muita gente fala espanhol.
vocês	Vocês falam espanhol.
português	Vocês falam português.
cantam em	Vocês cantam em português.
nós	Nós cantamos em português.
alemão	Nós cantamos em alemão.

eles	Eles cantam em alemão.
não praticam	Eles não praticam alemão.
eu	Eu não pratico alemão.
estudo	Eu estudo alemão.
francês	Eu estudo francês.
os brasileiros	Os brasileiros estudam francês.
não pensam em	Os brasileiros não pensam em francês.
você	Você não pensa em francês.

3

Na festa

Rui, Carlos e Paulo

R: Quem é a moça loura que está com o Pedro?
P: Uma colega francesa. Nós estamos estudando Direito na Universidade Católica.
C: Ela é bonita e simpática. E dança o samba maravilhosamente.
P: Ela é também muito inteligente. O que é isto? Vocês estão olhando tanto para ela!
C: Qual é o número do telefone dela?
P: Ora rapaz, você pensa que eu vou dizer?

At a party

R: Who's that blonde girl with Pedro?
P: A schoolmate from France. We're studying Law at the Catholic University.
C: She's pretty and she's nice, and she dances the samba beautifully.
P: She's also very intelligent. Say, what's this? You're really giving her the eye.
C: What's her telephone number?
P: Listen fellow, do you think I'm going to tell you?

NOTES

The *samba* is the most typical Brazilian dance; it is popular not only in the *favelas* 'slums' but also in very aristocratic circles.

The course in *Direito* has great prestige in Brazil. Many people obtain a degree in law and then go on to become teachers or enter other professions.

Colega shows the same form in both the masculine and feminine genders: *um colega, uma colega.*

PRONUNCIATION PRACTICE

(1) /e/ vs. /ɛ/

Repeat after the instructor or the tape, imitating the model as closely as possible. The Portuguese /e/ is not followed by the glide which accompanies the closest comparable English sound. /ɛ/ differs from /e/ in that the tongue lies lower in the mouth.

/e/		/ɛ/	
/pézu/	peso	/pɛ́zu/	peso
/sélu/	selo	/sɛ́lu/	selo
/méta/	meta	/mɛ́ta/	meta
/ésti/	este	/ɛ́sti/	este
/kumésu/	começo	/kumɛ́su/	começo
/sésta/	sexta	/sɛ́sta/	sesta
/zélu/	zelo	/zɛ́lu/	zelo
/atéřu/	aterro	/atɛ́řu/	aterro
/sédi/	sede	/sɛ́di/	sede
/apélu/	apelo	/apɛ́lu/	apelo

(2) /e/ vs. /ẽ/

Repeat after the instructor or the tape, imitating the model as closely as possible. /e/ is oral; /ẽ/ is nasal.

/e/		/ẽ/	
/séda/	seda	/sẽ́da/	senda
/léda/	Leda	/lẽ́da/	lenda
/aséda/	aceda	/asẽ́da/	acenda
/béta/	beta	/bẽ́ta/	benta
/řédi/	rede	/řẽ́di/	rende
/tésu/	teço	/tẽ́su/	tenso
/méta/	meta	/mẽ́ta/	menta

STRUCTURE AND DRILLS

(1) Present tense of *estar*

Quem é a moça loura que está com o Pedro?

The present tense of the irregular verb *estar* shows the following forms:

estar

eu	estou	nós	estamos
você o senhor a senhora ele ela	está	vocês os senhores as senhoras eles elas	estão

In the present tense the stress falls upon the last syllable except in the first person plural form which is stressed on the next to last syllable.

Substitute the cued words and make the necessary changes.

	Vocês estão olhando para ela.
nós	Nós estamos olhando para ela.
eu	Eu estou olhando para ela.
o Rui	O Rui está olhando para ela.
você	Você está olhando para ela.
os alunos	Os alunos estão olhando para ela.
eu e você	Eu e você estamos olhando para ela.
as colegas	As colegas estão olhando para ela.

(2) *Estar* + *-ando*

Nós estamos estudando Direito.
Vocês estão olhando tanto para ela.

fal-ar	fal-ando
danç-ar	danç-ando
termin-ar	termin-ando
olh-ar	olh-ando

The *-ando* form is used with the present tense of *estar* as indicated below.

Previous pattern

Eu falo português todos os dias.
Ela dança o samba maravilhosamente (sempre).

New pattern

> Eu estou falando português neste momento 'I am speaking Portuguese at this moment'.
> Ela está dançando o samba agora.
> Nós estamos estudando português hoje 'We are studying Portuguese today'.
> Nós estamos terminando a aula agora 'We are finishing the class now'.
> Vocês estão olhando tanto para ela.

For repeated or habitual action, or action in the near future, the forms *dança, fala,* etc. are used.

For action in progress at the present time, the forms *está dançando, está falando,* etc. are used.

Change the following statements of repeated or habitual action to statements of action in progress at the present time, with *agora,* 'now'.

A moça loura dança com o Pedro.	A moça loura está dançando com o Pedro agora.
Vocês olham tanto para ela.	Vocês estão olhando tanto para ela agora.
Nós cantamos em português.	Nós estamos cantando em português agora.
O professor e o aluno falam português.	O professor e o aluno estão falando português agora.
O senhor Luís estuda muito.	O senhor Luís está estudando muito agora.
A Susana e uma colega praticam a língua.	A Susana e uma colega estão praticando a língua agora.
Nós terminamos a aula.	Nós estamos terminando a aula agora.
Você dança o samba maravilhosamente.	Você está dançando o samba maravilhosamente agora.

Repeat the model sentence, substituting the form of the verb suggested by the cue.

	A Dona Dulce e o Senhor Luís dançam o samba.
agora	A Dona Dulce e o Senhor Luís estão dançando o samba agora.
todos os dias	A Dona Dulce e o Senhor Luís dançam o samba todos os dias.
neste momento	A Dona Dulce e o Senhor Luís estão dançando o samba neste momento.

	A moça loura e o Pedro dançam o samba.
agora	A moça loura e o Pedro estão dançando o samba agora.
todos os dias	A moça loura e o Pedro dançam o samba todos os dias.
neste momento	A moça loura e o Pedro estão dançando o samba neste momento.

	Vocês estão olhando tanto para ela agora.
todos os dias	Vocês olham tanto para ela todos os dias.
neste momento	Vocês estão olhando tanto para ela neste momento.
hoje	Vocês estão olhando tanto para ela hoje.

	Você estuda muito.
agora	Você está estudando muito agora.
todos os dias	Você estuda muito todos os dias.
hoje	Você está estudando muito hoje.

	Eu pratico português.
neste momento	Eu estou praticando português neste momento.
todos os dias	Eu pratico português todos os dias.
agora	Eu estou praticando português agora.

(3) Agreement of adjectives and the indefinite article

Adjectives and the indefinite article agree in gender and number with the forms with which they stand in construction.

(a) Adjectives whose masculine form ends in -o show the following forms:

Ela é bonita e simpática.
Quem é a moça loura?

MS	MP
Um aluno simpático Um rapaz louro	Uns alunos simpáticos Uns rapazes louros

FS	FP
Uma aluna simpática Uma moça loura	Umas alunas simpáticas Umas moças louras

These adjectives show agreement by the endings -o, -a, -os, -as, e.g.:

É um rapaz feio 'ugly'.
É uma senhora alta 'tall'.

São umas moças baixas 'short'.
São uns professores velhos 'old'.
É um senhor rico 'rich'.
É uma lição pequena 'small'.

Substitute the cued words and make the necessary changes.

	É uma moça simpática.
rapaz	É um rapaz simpático.
rapazes	São uns rapazes simpáticos.
professor	É um professor simpático.
aluna	É uma aluna simpática.
professores	São uns professores simpáticos.
brasileiras	São umas brasileiras simpáticas.

	É um rapaz louro.
moça	É uma moça loura.
moças	São umas moças louras.
aluno	É um aluno louro.
rapazes	São uns rapazes louros.
francês	É um francês louro.
americanas	São umas americanas louras.

	É uma gente rica.
senhores	São uns senhores ricos.
aluna	É uma aluna rica.
moça	É uma moça rica.
alunos	São uns alunos ricos.
rapazes	São uns rapazes ricos.
senhoras	São umas senhoras ricas.

	São umas moças altas.
rapaz	É um rapaz alto.
professores	São uns professores altos
rapazes	São uns rapazes altos.
senhoras	São umas senhoras altas.
aluna	É uma aluna alta.
senhor	É um senhor alto.

Substitute the cued words in the correct position.

	É uma moça bonita.
moças	São umas moças bonitas.
feias	São umas moças feias.

rapazes	São uns rapazes feios.
um	É um rapaz feio.
professoras	São umas professoras feias.
velhas	São umas professoras velhas.
senhor	É um senhor velho.
alto	É um senhor alto.
senhoras	São umas senhoras altas.
ricas	São umas senhoras ricas.
baixas	São umas senhoras baixas.
alunos	São uns alunos baixos.

(b) Adjectives whose masculine form ends in a consonant or a vowel other than -o show the following forms:

Uma colega francesa.
Ela é também muito inteligente.

MS	MP
Um aluno inteligente	Uns alunos inteligentes
Um livro grande 'large'	Uns livros grandes
Um professor pobre 'poor'	Uns professores pobres
Um rapaz feliz 'happy'	Uns rapazes felizes
Um senhor inglês	Uns senhores ingleses

FS	FP
Uma aluna inteligente	Umas alunas inteligentes
Uma caneta grande	Umas canetas grandes
Uma professora pobre	Umas professoras pobres
Uma moça feliz	Umas moças felizes
Uma senhora inglesa	Umas senhoras inglesas

Adjectives ending in a consonant or in a vowel other than -o generally have the same form for both masculine and feminine. Exceptions are adjectives of nationality whose masculine form ends in a consonant, in which case -a is added for the feminine form. Some adjectives ending in -ão have their feminine ending in -ã as, for example, *alemão, alemã*.

Adjectives ending in a consonant usually form their plural by adding -es. Other ways of forming the plural and the feminine of adjectives are described in subsequent lessons.

Substitute the cued words and make the necessary changes.

| | É um rapaz pobre. |
| senhora | É uma senhora pobre. |

alunas	São umas alunas pobres.
rapazes	São uns rapazes pobres.
moça	É uma moça pobre.
aluna	É uma aluna pobre.
professores	São uns professores pobres.
	É um livro grande.
país	É um país grande.
universidade	É uma universidade grande.
livros	São uns livros grandes.
sala de aula	É uma sala de aula grande.
lição	É uma lição grande.
canetas	São umas canetas grandes.
	É uma professora inglesa.
professor	É um professor inglês.
professores	São uns professores ingleses.
senhora	É uma senhora inglesa
alunos	São uns alunos ingleses
rapazes	São uns rapazes ingleses
moças	São umas moças inglesas.
	São umas senhoras felizes.
rapaz	É um rapaz feliz.
alunas	São umas alunas felizes
moças	São umas moças felizes.
senhores	São uns senhores felizes.
americano	É um americano feliz.
brasileiras	São umas brasileiras felizes.

Change the following sentences to the plural.

É uma moça feliz.	São umas moças felizes.
É um rapaz francês.	São uns rapazes franceses.
É um senhor português.	São uns senhores portugueses.
É uma senhora inglesa.	São umas senhoras inglesas.
É um aluno inteligente.	São uns alunos inteligentes.
É uma professora pobre.	São umas professoras pobres.
É um nome grande.	São uns nomes grandes.
É um rapaz feliz.	São uns rapazes felizes.
É um professor francês.	São uns professores franceses.
É uma caneta grande.	São umas canetas grandes.

Repeat the above drill, changing the plural sentences to the singular.

Replace the following nouns with a corresponding feminine form and make the necessary changes.

É um professor japonês.	É uma professora japonesa.
É um aluno espanhol.	É uma aluna espanhola.
São uns colegas pobres.	São umas colegas pobres.
É um rapaz feliz.	É uma moça feliz.
São uns senhores portugueses.	São umas senhoras portuguesas.
É um professor inteligente.	É uma professora inteligente.
É um aluno canadense.	É uma aluna canadense.
São uns colegas franceses.	São umas colegas francesas.
São uns rapazes pobres.	São umas moças pobres.
É um senhor inglês.	É uma senhora inglesa.

Repeat the above drill, replacing the feminine nouns with a corresponding masculine form and making the necessary changes.

Substitute the cued words in the correct position and make the necessary changes.

	É um rapaz feliz.
moças	São umas moças felizes.
senhora	É uma senhora feliz.
inglesa	É uma senhora inglesa.
aluno	É um aluno inglês.
são	São uns alunos ingleses.
um	É um aluno inglês.
inteligente	É um aluno inteligente.
professor	É um professor inteligente.
uns	São uns professores inteligentes.
pobres	São uns professores pobres.
franceses	São uns professores franceses.
senhor	É um senhor francês.
professora	É uma professora francesa.
aluna	É uma aluna francesa.

(4) Interrogative words and word questions

Quem é a moça loura?
O que é isto?
Qual é o número do telefone dela?

Previous pattern

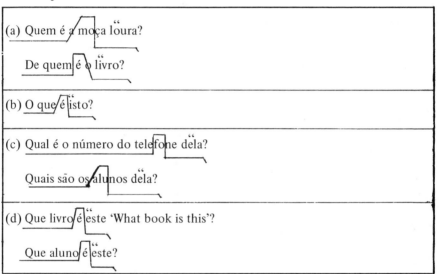

New pattern

In asking questions:
(a) *quem* (or the possessive phrase *de quem*) is used for persons;
(b) *que* (frequently preceded by *o*) is used for things;
(c) *qual* (or its plural *quais*) implies the idea of selection;
(d) *que* may occur in any of the above instances when the interrogative word stands in construction with a following noun.

The intonation pattern for a word question is generally different from that of an intonation question; it is frequently the same intonation pattern which occurs in statements.

Repeat each of the following word questions after the instructor or the tape. Imitate the intonation pattern as closely as possible.

Quem é o rapaz louro?
Quem está dançando com o Pedro?

Qual é a universidade dela?
Quais são as moças brasileiras?

De quem é este livro?
O que é uma universidade?
Que língua você fala?
Que rapaz é este?

Repeat each of the following questions, substituting the cued words.

	Quem é a moça loura?
a professora	Quem é a professora?
o rapaz simpático	Quem é o rapaz simpático?
a Dona Dulce	Quem é a Dona Dulce?
o professor francês	Quem é o professor francês?

	Qual é número do telefone dela?
o livro dela	Qual é o livro dela?
a caneta do Pedro	Qual é a caneta do Pedro?
a Universidade Católica	Qual é a Universidade Católica?
o livro de português	Qual é o livro de português?

	Que língua você está estudando?
lição	Que lição você está estudando?
número	Que número você está estudando?
país	Que país você está estudando?
países	Que países você está estudando?

	De quem é o livro?
o telefone	De quem é o telefone?
os livros	De quem são os livros?
os alunos	De quem são os alunos?
a caneta	De quem é a caneta?

	O que é isto?
um samba	O que é um samba?
uma universidade católica	O que é uma universidade católica?
uma festa	O que é uma festa?
um telefone	O que é um telefone?

Review this lesson by first formulating a question in response to the suggestion provided and by then answering the question suitably.

Pergunte ao colega quem é a moça loura.
Quem é a moça loura?
Uma colega francesa.

Pergunte ao colega quem está dançando com o Pedro.
Quem está dançando com o Pedro?
A moça loura.

Pergunte ao colega quem está olhando para ela.
Quem está olhando para ela?
Os rapazes.

Pergunte ao colega o que é samba.
O que é samba?
Uma dança brasileira.

Pergunte ao colega como é a moça loura.
Como é a moça loura?
Bonita e simpática.

Pergunte ao colega quem está estudando Direito.
Quem está estudando Direito?
O Pedro e a moça loura.

Pergunte ao colega o que é isto.
O que é isto?
Um livro.

Pergunte ao colega que língua êle fala.
Que língua você fala?
Eu falo português.

4

Em casa da Dona Amélia

Dona Amélia e Pedro

P: Bom dia, Dona Amélia. O Paulo está em casa?
A: Está sim. Ele está deitado no quarto dele.
P: Ele está doente?
A: Não, ele só está muito cansado.
P: Onde é o quarto? É ao lado do escritório?
A: Não, é no fundo da sala de jantar, perto da cozinha. A porta está aberta.
P: Com licença.
A: Pois não.

At Dona Amelia's house

P: Hello, Dona Amélia. Is Paulo home?
A: Yes, he is. He's lying down in his room.
P: Is he sick?
A: No, he's just very tired.
P: Where's his room? Next to the study?
A: No, at the end of the dining room, next to the kitchen. The door is open.
P: Excuse me.
A: Of course.

NOTES

Portuguese has two expressions which correspond to the English 'Excuse me': *com licença* and *desculpe*.

45

Com licença usually anticipates an action. For example, one uses it before leaving the table while other people are eating, or in making one's way through a crowded bus—something that happens frequently in Brazil. *Desculpe* is used after an action has occurred; for example, when one unintentionally bumps into someone in a crowded place.

In the old traditional Brazilian houses the *sala de jantar* 'dining room' is the place where the family assembles. The *sala de visita* 'parlor' is rarely used; it is reserved for visitors the family does not know very well.

PRONUNCIATION PRACTICE

(1) /i/ vs. /ĩ/

Repeat after the instructor or the tape, imitating the model as closely as possible. /i/ is oral; /ĩ/ is nasal.

/i/		/ĩ/	
/sí/	se	/sĩ/	sim
/ví/	vi	/vĩ/	vim
/ří/	ri	/řĩ/	rim
/fíka/	fica	/fĩka/	finca
/lídu/	lido	/lĩdu/	lindo
/vída/	vida	/vĩda/	vinda
/říša/	richa	/říša/	rincha
/sĩtu/	cito	/sĩtu/	cinto

(2) /u/ vs. /ũ/

Repeat after the instructor or the tape, imitating the model as closely as possible. /u/ is oral; /ũ/ is nasal. Notice that neither of these vowels are followed by the glide which accompanies the closest comparable English sound.

/u/		/ũ/	
/nú/	nu	/nũ/	num
/núka/	nuca	/nũka/	nunca
/žúta/	juta	/žũta/	junta
/múdu/	mudo	/mũdu/	mundo
/túba/	tuba	/tũba/	tumba
/fúga/	fuga	/fũga/	funga
/úta/	uta	/ũta/	unta
/zuzú/	Zuzu	/zũzũ/	zumzum

STRUCTURE AND DRILLS

(1) Contracted forms of *em* and *de*, with *o, a, os, as*

Ele está deitado no quarto dele.
É ao lado do escritório?
É no fundo da sala de jantar.
Nós estamos estudando Direito na Universidade Católica.
Eu sou dos Estados Unidos.

de + o	=	do	em + o	=	no
de + a	=	da	em + a	=	na
de + os	=	dos	em + os	=	nos
de + as	=	das	em + as	=	nas

Substitute the cued words and use the proper contracted form.

	Os rapazes estão na sala de jantar.
quartos	Os rapazes estão nos quartos.
escritórios	Os rapazes estão nos escritórios.
cozinha	Os rapazes estão na cozinha.
salas de aula	Os rapazes estão nas salas de aula.
universidade	Os rapazes estão na universidade.
fundo da sala	Os rapazes estão no fundo da sala.
Estados Unidos	Os rapazes estão nos Estados Unidos.
Brasil	Os rapazes estão no Brasil.
	É ao lado do escritório.
sala de visita	É ao lado da sala de visita.
universidade	É ao lado da universidade.
portas	É ao lado das portas.
telefones	É ao lado dos telefones.
quarto dele	É ao lado do quarto dele.
salas de aula	É ao lado das salas de aula.
cozinha	É ao lado da cozinha.
casa	É ao lado da casa.

(2) Use of *estar*

O Paulo está em casa?
Ele só está muito cansado.

(a)	(b)
Ele está no quarto dele.	Ele está deitado.
Ele está na sala de jantar.	Nós estamos muito cansados.
Nós estamos na cozinha.	A porta está aberta.

Estar expresses (a) location which can change, (b) temporary condition.

Substitute the cued word in the model sentence

	O Paulo está na sala de jantar.
cansado	O Paulo está cansado.
no quarto	O Paulo está no quarto.
na festa	O Paulo está na festa.
deitado	O Paulo está deitado.
doente	O Paulo está doente.
em casa	O Paulo está em casa.
perto da universidade	O Paulo está perto da universidade.
na sala de aula	O Paulo está na sala de aula.

Substitute the cued words in the right position.

	Ele está muito cansado.
no escritório	Ele está no escritório.
as moças	As moças estão no escritório.
eu	Eu estou no escritório.
ele	Ele está no escritório.
doente	Ele está doente.
eu	Eu estou doente.
em casa	Eu estou em casa.
o Paulo	O Paulo está em casa.
no quarto dele	O Paulo está no quarto dele.
deitado	O Paulo está deitado.
os rapazes	Os rapazes estão deitados.
na sala de visita	Os rapazes estão na sala de visita.
a professora inglesa	A professora inglesa está na sala de visita.

(3) *Ser* vs. *estar*

É no fundo da sala de jantar.
O Paulo está em casa?

Ser	Estar
(1) O senhor Luís é professor. Quem é a moça loura? Nós somos colegas. Quem são os rapazes louros? Eu sou aluno de português.	

(2)
 A casa da Dona Dulce é bonita.
 A porta é grande.
 O livro é de papel 'The book is
    made of paper'.
 O lápis é de madeira 'The pen-
    cil is made of wood'.
	(7)
	 A casa está bonita hoje.
	 A porta está aberta.
	
	 Os alunos estão cansados.

(3) Vocês são dos Estados Unidos. Nós somos da universidade. O samba é do Brasil.	

(4)
 O Brasil é na América do Sul.
 O banheiro é no fundo da sala
    'The bathroom is at the far
    end of the room'.
	(8)
	 O Paulo está no Brasil.
	
	 Nós estamos no quarto.

(5) O lápis é seu. Os livros são do professor.	
(6) É uma hora 'It is one o'clock'. São duas horas 'It is two o'clock'.	Está quente hoje 'It is warm today'. Está frio hoje 'It is cold today'.

The two verbs *ser* and *estar* cover most of the meanings of the English *be*.
Ser expresses identification (1), permanent quality or characteristic (2), origin (3), geographical or fixed location (4), possession (5), time (6).
Estar expresses temporary condition (7), location which can change (8), weather (9).
Thus the occurrence of an adjective with *ser* expresses a permanent characteristic; whereas the occurrence of the same adjective with *estar* expresses the result of a change or a temporary condition, e.g. *A casa é bonita* (It has always been *bonita*) vs. *A casa está bonita* (Usually it is not *bonita*, but it is *bonita* today.

Practice *ser* expressing identification and *estar* expressing location by substituting the cued words in the following sentences.

	O senhor Luís é professor. Ele está na sala de aula.
eu	Eu sou professor. Eu estou na sala de aula.
a Dona Dulce e	A Dona Dulce e o Senhor Luís são professores. Eles
o senhor Luís	estão na sala de aula.
nós	Nós somos professores. Nós estamos na sala de aula.
a senhora	A senhora é professora. A senhora está na sala de aula.
o senhor	O senhor é professor. O senhor está na sala de aula.
a moça loura	A moça loura é professora. Ela está na sala de aula.
eu e você	Eu e você somos professores. Nós estamos na sala de
	aula.

Answer the following questions by using *estar* expressing location and *ser* expressing identification.

A Susana está na universidade? aluna de português	Está, sim. Ela é aluna de português.
O senhor Luís está no Brasil? brasileiro	Está, sim. Ele é brasileiro.
Eles estão na festa? colegas de universidade.	Estão, sim. Eles são colegas de universidade.
A Susana está nos Estados Unidos? americana	Está, sim. Ela é americana.
O senhor francês está na sala de aula? professor de francês	Está, sim. Ele é professor de francês.
Vocês estão na aula de português? alunos de português	Estamos, sim. Nós somos alunos de português.
Elas estão na França? francesas	Estão, sim. Elas são francesas.
A Dona Dulce está na sala de aula? professora	Está, sim. Ela é professora.

Practice *ser* expressing permanent quality or characteristic and *estar* expressing temporary condition by answering the following questions.

A Ana Maria é muito feliz?	É sim, ela é muito feliz.
A Dona Dulce é simpática?	É sim, ela é simpática.
O Paulo é alto?	É sim, ele é alto.
Os alunos de português são inteligentes?	São sim, eles são inteligentes.

A Maria Teresa é rica?	É sim, ela é rica.
O livro é de papel?	É sim, ele é de papel.
O lápis é de madeira?	É sim, ele é de madeira.
A alunas são bonitas?	São sim, elas são bonitas.
O Paulo está cansado?	Está sim, ele está cansado.
Ele está deitado?	Está sim, ele está deitado.
Os senhores estão cansados?	Estamos sim, nós estamos cansados.
A porta está aberta?	Está sim, ela está aberta.
O senhor está doente?	Estou sim, eu estou doente.
A casa está bonita hoje?	Está sim, ela está bonita hoje.
Os rapazes estão deitados?	Estão sim, eles estão deitados.

Substitute the cued words in the proper positions and make the necessary changes.

	A porta está aberta.
os livros	Os livros estão abertos.
bonitos	Os livros são bonitos.
a casa	A casa é bonita.
bonita hoje	A casa está bonita hoje.
as alunas	As alunas estão bonitas hoje.
inteligentes	As alunas são inteligentes.
você	Você é inteligente.
deitado	Você está deitado.
cansado	Você está cansado.
os professores	Os professores estão cansados.
simpáticos	Os professores são simpáticos.
simpáticos hoje	Os professores estão simpáticos hoje.

Practice *ser* expressing geographical or fixed location in contrast to *estar* expressing location which can change by substituting the cued words at the end of the model sentence.

	Onde é o quarto?
salas de aula	Onde são as salas de aula?
Brasil	Onde é o Brasil?
festa	Onde é a festa?
sala de jantar	Onde é a sala de jantar?
portas	Onde são as portas?
escritórios	Onde são os escritórios?
banheiro	Onde é o banheiro?

	Onde está o Paulo?
livros	Onde estão os livros?
professores velhos	Onde estão os professores velhos?
alunas americanas	Onde estão as alunas americanas?
moça loura	Onde está a moça loura?
lápis	Onde está o lápis?
alunas francesas	Onde estão as alunas francesas?
rapaz feio	Onde está o rapaz feio?

Substitute the cued words in the proper positions and select the proper form of *ser* or *estar*.

	O quarto é no fundo da sala.
a cozinha	A cozinha é no fundo da sala.
o rapaz	O rapaz está no fundo da sala.
as moças	As moças estão no fundo da sala.
nos Estados Unidos	As moças estão nos Estados Unidos.
nós	Nós estamos nos Estados Unidos.
no Brasil	Nós estamos no Brasil.
o Rio de Janeiro	O Rio de Janeiro é no Brasil.
eles	Eles estão no Brasil.
na universidade	Eles estão na universidade.
a moça loura	A moça loura está na universidade.
as salas de aula	As salas de aula são na universidade.
eu	Eu estou na universidade.

Practice *ser* expressing origin and *estar* expressing temporary location by substituting the cued words in the following sentences.

	A Maria Teresa é do Brasil mas está nos Estados Unidos.
eu	Eu sou do Brasil mas estou nos Estados Unidos.
a Dona Dulce	A Dona Dulce é do Brasil mas está nos Estados Unidos.
os professores de português	Os professores de português são do Brasil mas estão nos Estados Unidos.
a moça simpática	A moça simpática é do Brasil mas está nos Estados Unidos.
nós	Nós somos do Brasil mas estamos nos Estados Unidos.
os alunos de inglês	Os alunos de inglês são do Brasil mas estão nos Estados Unidos.
o senhor	O senhor é do Brasil mas está nos Estados Unidos.
vocês	Vocês são do Brasil mas estão nos Estados Unidos.

Review this lesson by first formulating a question in response to the cue provided and by then answering the question with an affirmative sentence.

o Paulo / cansado
O Paulo está cansado?
Está sim, ele está cansado.

a Dona Dulce / nos Estados Unidos
A Dona Dulce está nos Estados Unidos?
Está sim, ela está nos Estados Unidos.

os alunos / inteligentes
Os alunos são inteligentes?
São sim, eles são inteligentes.

a porta / aberta
A porta está aberta?
Está sim, ela está aberta.

a Susana / dos Estados Unidos
A Susana é dos Estados Unidos?
É sim, ela é dos Estados Unidos.

o quarto / perto da cozinha
O quarto é perto da cozinha?
É sim, ele é perto da cozinha.

nós / sala de aula
Nós estamos na sala de aula?
Estamos sim, nós estamos na sala de aula.

o senhor Luís / professor
O senhor Luís é professor?
É sim, ele é professor.

5

Esperando a família

Rui e Pedro

R: Quando a sua família chega de Belo Horizonte?
P: Os meus pais chegam amanhã. Os meus irmãos só chegam a semana que vem.
R: Quantas pessoas moram em sua casa?
P: Seis: eu, o meu pai, a minha mãe, o meu irmão, a minha irmã e a minha avó.
R: O Paulo e a Helena também são seus parentes?
P: Eles são nossos primos. Nós somos muito amigos deles.

Waiting for the family

R: When is your family coming from Belo Horizonte?
P: My parents will arrive tomorrow. My brother and sister aren't coming until next week.
R: How many people are there in your house?
P: Six: my father, mother, brother, sister, my grandmother and myself.
R: Are Paulo and Helena also related to you?
P: They're our cousins. We're very close.

NOTES

Belo Horizonte, a modern beautiful city on Serra da Mantiqueira, is the capital of Minas Gerais, a state in the interior of the country. The city was planned and built specifically to be the state capital.

As in most Latin American countries, the family in Brazil usually sticks together more than in the United States—unmarried children normally live with their parents and people tend to cultivate a great number of close friendships among relatives.

When a series of persons are mentioned in the same sentence, *eu* usually comes first.

The present tense in Portuguese is very often used to refer to the future.

PRONUNCIATION PRACTICE

(1) /ai/ vs. /ãĩ/

Repeat after the instructor or the tape, imitating the model as closely as possible. The diphthong /ai/ is oral, both elements of the dipthong /ãĩ/ are nasal.

/ai/		/ãĩ/	
/páis	pais	/pãĩs/	pães
/máis/	mais	/mãĩs/	mães
/káis/	cais	/kãĩs/	cães
/kapitáis/	capitais	/kapitãĩs/	capitães
/káibra/	caibra	/kãĩbra/	caimbra

(2) /ei/ vs. /ẽĩ/

Repeat after the instructor or the tape, imitating the model as closely as possible. The diphthong /ei/ is oral; both elements of the diphthong /ẽĩ/ are nasal.

/ei/		/ẽĩ/	
/séi/	sei	/sẽĩ/	sem
/améi/	amei	/amẽĩ/	amém
/aréi/	arei	/arẽĩ/	harém
/kõtéi/	contei	/kõtẽĩ/	contém
/poréi/	porei	/porẽĩ/	porém
/néi/	Ney	/nẽĩ/	nem
/sustéi/	sustei	/sustẽĩ/	sustém
/provéi/	provei	/provẽĩ/	provém

STRUCTURE AND DRILLS

(1) Possessives

Os meus pais chegam amanhã.
Eles são nossos primos.
Nós somos muito amigos deles.
Quando a sua família chega de Belo Horizonte?
O Paulo e a Helena também são seus parentes?

Possessives show the following forms:

eu	o meu irmão os meus irmãos a minha irmã as minhas irmãs	o nosso irmão os nossos irmãos a nossa irmã as nossas irmãs	nós
você o senhor a senhora	o seu irmão os seus irmãos a sua irmã as suas irmãs		vocês os senhores as senhoras
ele	o irmão os irmãos a irmã as irmãs dele	o irmão os irmãos a irmã as irmãs deles	eles
ela	o irmão os irmãos a irmã as irmãs dela	o irmão os irmãos a irmã as irmãs delas	elas

Meu, nosso, seu agree in number and gender with the item possessed. When the item possessed is singular, *meu, minha,* etc. occur; when the item possessed is plural, *meus, minhas,* etc. occur.

Dele, dela, deles, delas agree with the possessor, not with the item possessed.

In conversation, *seu, sua, seus, suas* are rarely used for a person other than the addressee.

Notice the following examples:

O meu amigo estuda na universidade.
Os meus alunos praticam português.
A minha avó mora no Brasil.
As minhas primas não estão em casa.

O nosso tio fala português 'Our uncle speaks Portuguese'.
A nossa tia é brasileira 'Our aunt is Brazilian'.

O seu tio mora no Brasil.
Os seus pais chegam amanhã.
A sua família está no Brasil.

Os pais dele estão no Rio.
O primo deles estuda português.
O filho dela mora em Belo Horizonte 'Her son lives in Belo Horizonte'.

Substitute the cued words in the model and make the necessary changes.

	Os meus pais chegam amanhã.
primas	As minhas primas chegam amanhã.
irmã	A minha irmã chega amanhã.
amigos	Os meus amigos chegam amanhã.
irmão	O meu irmão chega amanhã.
professor	O meu professor chega amanhã.
avó	A minha avó chega amanhã.
tias	As minhas tias chegam amanhã.
pai	O meu pai chega amanhã.

	Os nossos alunos praticam a língua.
irmãs	As nossas irmãs praticam a língua.
amigo	O nosso amigo pratica a língua.
professor	O nosso professor pratica a língua.
professora	A nossa professora pratica a língua.
irmãos	Os nossos irmãos praticam a língua.
alunas	As nossas alunas praticam a língua.
parentes	Os nossos parentes praticam a língua.
tio	O nosso tio pratica a língua.

	Os seus parentes são muito simpáticos.
tia	A sua tia é muito simpática.
pai	O seu pai é muito simpático.
filhos	Os seus filhos são muito simpáticos.
primo	O seu primo é muito simpático.
irmãs	As suas irmãs são muito simpáticas.
amigos	Os seus amigos são muito simpáticos.
tio	O seu tio é muito simpático.
mãe	A sua mãe é muito simpática.

Substitute *dele, dela, deles, delas,* as required by the cued expression.

	O Paulo é parente dela.
das professoras	O Paulo é parente delas.
da moça loura	O Paulo é parente dela.
dos seus amigos	O Paulo é parente deles.
das minhas tias	O Paulo é parente delas.
do Senhor Luís	O Paulo é parente dele.
dos meus primos	O Paulo é parente deles.
da Dona Dulce	O Paulo é parente dela.
dos rapazes	O Paulo é parente deles.

Substitute the cued word and make the necessary changes.

	Você estuda a sua lição.
nós	Nós estudamos a nossa lição.
o Pedro	O Pedro estuda a lição dele.
eu	Eu estudo a minha lição.
as alunas	As alunas estudam a lição delas.
o senhor	O senhor estuda a sua lição.
a Susana	A Susana estuda a lição dela.
vocês	Vocês estudam a sua lição.
nós	Nós estudamos a nossa lição.
os nossos primos	Os nossos primos estudam a lição deles.

Answer the following questions after repeating the cued noun in an echo question.

Onde está o seu professor?	O meu professor? Está na sala de aula.
Onde está a sua irmã?	A minha irmã? Está na sala de aula.
Onde estão os seus amigos?	Os meus amigos? Estão na sala de aula.
Onde está o livro dele?	O livro dele? Está na sala de aula.
Onde está o meu professor?	O seu professor? Está na sala de aula.

Onde estão os meus alunos?	Os seus alunos? Estão na sala de aula.
Onde está o meu lápis?	O seu lápis? Está na sala de aula.
Onde está o primo dele?	O primo dele? Está na sala de aula.
Onde estão os nossos colegas?	Os nossos colegas? Estão na sala de aula.
Onde estão os meus livros?	Os seus livros? Estão na sala de aula.

(2) Occurrence of the definite article with possessives

Quando a sua família chega?
Eles são nossos primos.

Notice both the occurrence and nonoccurrence of the definite article with possessives:

---

(1)
Os meus pais chegam amanhã.
A minha avó chega a semana que vem.
Nós falamos a nossa língua.
Você está praticando o seu português.

(2)
A Susana é a minha irmã (i.e. not Helena).
Este lápis é o seu (this pencil not the other one).

(3)
A Susana é minha irmã.
Este lápis é seu.

Possessives are usually preceded by the definite article (1). However, after the verb *ser* two patterns occur: first, the definite article occurs when the emphasis is on the item possessed which one wishes to distinguish from other items that do not belong to the same person (2); second, the article is omitted when the emphasis is on the possession itself (3).

Substitute the cued words in proper place and make the necessary changes.

	A minha avó chega a semana que vem.
tio	O meu tio chega a semana que vem.
chegam	Os meus tios chegam a semana que vem.
sua	A sua tia chega a semana que vem.
amanhã	A sua tia chega amanhã.
irmão	O seu irmão chega amanhã.
meu	O meu irmão chega amanhã.

	Ela é nossa prima.
tias	Elas são nossas tias.
suas	Elas são suas tias.
primo	Ele é seu primo.
meus	Eles são meus primos.
amigo	Ele é meu amigo.
sua	Ela é sua amiga.

Answer the following questions by using the suggested possessive.

De quem é o livro? meu	O livro é meu.
De quem são as canetas? deles	As canetas são deles.
De quem são os livros? seus	Os livros são seus.
De quem é este lápis? dele	Este lápis é dele.

De quem é a casa? dela	A casa é dela.
De quem é o telefone? nosso	O telefone é nosso.
De quem são estes alunos? meus	Estes alunos são meus.
De quem é o escritório? deles	O escritório é deles.

Answer the following questions by using both the suggested possessive and the definite article.

Quais são os meus livros? os livros pequenos	Os livros pequenos são os seus.
Qual é o nosso quarto? o quarto grande	O quarto grande é o nosso.
Qual é a sua caneta? a caneta pequena	A caneta pequena é a minha.
Quem é o pai delas? o senhor alto	O senhor alto é o pai delas.
Quais são os nossos escritórios? os escritórios pequenos	Os escritórios pequenos são os nossos.
Qual é a casa dela? a casa grande	A casa grande é a dela.
Qual é o meu quarto? este quarto	Este quarto é o seu.
Quais são as salas dele? as salas grandes	As salas grandes são as dele.

Answer the following questions by using the suggested possessive with or without the article as each case requires.

De quem é o livro? meu	O livro é meu.
Qual é o nosso escritório? este escritório	Este escritório é o nosso.
Quais são as canetas dela? as canetas pequenas	As canetas pequenas são as dela.
De quem é o aluno? dela	O aluno é dela.
Quais são os seus livros? os livros grandes	Os livros grandes são os meus.
Qual é o nosso telefone? este telefone	Este telefone é o nosso.
De quem são as canetas? minhas	As canetas são minhas.
Qual é a sua casa? a casa pequena	A casa pequena é a minha.
De quem é este quarto? deles	Este quarto é deles.
De quem é o lápis? seu	O lápis é seu.

(3) Interrogatives

Notice the following patterns which occur after interrogatives. In (1) the verb phrase comes immediately after the interrogative which is the subject. In (2) the verb phrase comes immediately after the interrogative and before the subject. In (3) the verb phrase follows both the interrogative and the subject. The examples illustrating these patterns supply a beginning student with a sufficient number of models for imitation.

(1) Interrogative subject + VP

Quem é a moça loura?
Quem está na sala?
Quem está dançando o samba?
Quem dança o samba maravilhosamente?

(2) Interrogative + VP + S (3) Interrogative + S + VP

(2) Interrogative + VP + S	(3) Interrogative + S + VP
De quem é a casa?	De quem ele está falando?
	Com quem vocês estão?
	Com quem eles trabalham?
Como é o seu nome?	Como ele estuda a lição?
O que é isto?	O que você está estudando?
Quando é a festa?	
Quanto é o livro?	
	Por que o senhor é professor
	'Why are you a teacher'?
	Por que você estuda português?
Quanto ganha o Paulo?	Quanto o Paulo ganha?
Quando chega a sua família?	Quando a sua família chega?
Onde está o aluno?	Onde o aluno está?
Onde mora o Paulo?	Onde o Paulo mora?

In Brazilian speech the expression *é que* frequently occurs after interrogatives; for example:

Quem é que está dançando o samba?
O que é que é isto?
Por que é que o senhor é professor?
Quando é que a sua família chega?

Substitute the cued words in the following models.

	Quem (é que) está dançando o samba?
está estudando a lição	Quem (é que) está estudando a lição?
fala português	Quem (é que) fala português?
dança maravilhosamente	Quem (é que) dança maravilhosamente?

	Onde é (que é) o quarto?
a casa da Dona Amélia	Onde é (que é) a casa da Dona Amélia?
a universidade	Onde é (que é) a universidade?
a festa	Onde é (que é) a festa?

	Quando (é que) a sua família chega?
pais	Quando (é que) os seus pais chegam?
tio	Quando (é que) o seu tio chega?
prima	Quando (é que) a sua prima chega?

	Onde (é que) ele mora?
estuda	Onde (é que) ele estuda?
dança	Onde (é que) ele dança?
trabalha	Onde (é que) ele trabalha?

	O que (é que) você está estudando?
cantando	O que (é que) você está cantando?
dançando	O que (é que) você está dançando?
falando	O que (é que) vocé está falando?

	Por que (é que) você é professor?
estuda português	Por que (é que) você estuda português?
mora nos Estados Unidos	Por que (é que) você mora nos Estados Unidos?
está em casa hoje	Por que (é que) você está em casa hoje?

Transform the following statements to questions by using the interrogative given before each set.

quem

A moça loura é minha colega.	Quem é a moça loura?
O Senhor Luís é o professor.	Quem é o Senhor Luís?
O primo dela está dançando o samba.	Quem está dançando o samba?
O rapaz simpático é meu irmão.	Quem é o rapaz simpático?

como

O nome dele é Paulo.	Como é o nome dele?
O nome do meu primo é Paulo.	Como é o nome do seu primo?
O nome da minha irmã é Helena.	Como é o nome da sua irmã?
As alunas praticam português, falando.	Como (é que) as alunas praticam português?

o que

O meu primo está falando português.	O que (é que) o seu primo está falando?
Nós estudamos alemão.	O que (é que) nós estudamos?
Os alunos estão estudando francês.	O que (é que) os alunos estão estudando?
Isto é um livro.	O que (é que) é isto?

onde

A minha família mora no Brasil.	Onde (é que) a sua família mora?
Os primos dela estudam na Universidade.	Onde (é que) os primos dela estudam?
Os professores estão na sala de aula.	Onde (é que) os professores estão?
O quarto é no fundo da sala.	Onde (é que) é o quarto?

quando

A minha família chega a semana que vem.	Quando (é que) a sua família chega?
Os nossos amigos trabalham todos os dias.	Quando (é que) os nossos amigos trabalham?
Os alunos estudam todos os dias.	Quando (é que) os alunos estudam?
A festa é amanhã.	Quando (é que) é a festa?

quanto, quanta, quantos, quantas

Muitos alunos estudam português.	Quantos alunos estudam português?
Duas moças estão dançando.	Quantas moças estão dançando?
Seis pessoas moram na casa deles.	Quantas pessoas moram na casa deles?
Nós ganhamos muito.	Quanto (é que) vocês ganham?

por que

Eu estudo português porque é uma língua bonita.	Por que (é que) você estuda português?
Ele fala português porque ele é brasileiro.	Por que (é que) ele fala português?
A Helena está cantando porque ela está feliz.	Por que (é que) a Helena está cantando?
O Senhor Luís está cansado porque ele trabalha muito.	Por que (é que) o Senhor Luís está cansado?

6
À hora do almoço

Dona Amélia e Doutor Alceu

DA: Você deve estar com fome, Alceu. O almoço hoje está tão atrasado.
Dr: Não faz mal, Amélia. Eu como bem a qualquer hora.
DA: Você quer arroz com feijão?
Dr: Quero, sim; e também um pouco destas batatas. Elas estão parecendo boas.
DA: E, naturalmente, um pouco de picadinho e de farofa, não é?
Dr: Isto mesmo; muito obrigado. Nós não bebemos nada? Eu estou morrendo de sede.

Lunchtime

DA: You must be hungry, Alceu. Lunch is so late today.
Dr: That's all right, Amélia. I can eat any time.
DA: Do you want rice and beans?
Dr: Yes, I do and also some of these potatoes. They look good.
DA: And, of course, some *picadinho* and some *farofa*, right?
Dr: That's right. Thanks very much. Aren't we going to drink anything? I'm dying of thirst.

NOTES

Brazilians have two important meals: *o almoço* 'lunch' at noon time and *o jantar* 'dinner', usually between 7 and 8 p.m. *Almoço* is as heavy or heavier than *jantar* but breakfast is very light. It rarely consists of more than a cup of coffee and some bread, and is called *o café da manhã*.

Arroz and *feijão* 'rice' and 'beans' are staple dishes at every big meal in traditional Brazilian homes. *Farofa* is a mixture of flour, butter and some other ingredient such as chicken livers.

Picadinho is a meat cut into small pieces and cooked with some kind of vegetable such as okra, squash, etc.

PRONUNCIATION PRACTICE

(1) /eu/ vs. /ɛu/

Repeat after the instructor or the tape imitating the model as closely as possible. These diphthongs are both oral. They contrast with each other only in their first element.

/eu/		/ɛu/	
/séu/	seu	/séu/	céu
/léu/	leu	/léu/	léu
/koŕéu/	correu	/ŝapéu/	chapéu
/téu/	teu	/téu/	téu
/alséu/	Alceu	/véu/	véu
/atéu/	ateu	/iskaŕséu/	escarcéu
/déus/	Deus	/povaréu/	povaréu
/bebéu/	bebeu	/labéu/	labéu

(2) /ei/ vs. /ɛi/

Repeat after the instructor or the tape, imitating the model as closely as possible. These diphthongs are both oral. They contrast with each other only in their first element.

/ei/		/ɛi/	
/gazéis/	gazeis	/gazéis/	gazéis
/boŕdéis/	bordeis	/boŕdéis/	bordéis
/fiéis/	fieis	/fiéis/	fiéis
/pastéis/	pasteis	/pastéis/	pastéis
/ŕéis/	reis	/ŕéis/	réis

STRUCTURE AND DRILLS

(1) Present tense of *-er* verbs

Eu como bem a qualquer hora.
Você deve estar com fome.
Nós não bebemos nada?

The present tense of –*er* verbs, e.g. *comer, parecer, dever, beber,* etc., shows the following forms:

com-er

eu	com-o	nós	com-emos
você o senhor a senhora ele ela	com-e	vocês os senhores as senhoras eles elas	com-em

Ele escreve português bem 'He writes Portuguese well'.
O senhor vende batatas 'Do you sell potatoes'?
Vocês aprendem depressa 'You learn quickly'.
Os rapazes respondem as perguntas 'The boys answer the questions'.
A carne parece boa 'The meat looks good'.
Nós compreendemos porque você gosta de farofa 'We understand why you like *farofa*'.
Nós queremos café 'We want coffee'.

Substitute the cued word in the model sentence and make the necessary changes.

	Você deve estar com fome.
vocês	Vocês devem estar com fome.
os meus irmãos	Os meus irmãos devem estar com fome.
o Doutor Alceu	O Doutor Alceu deve estar com fome.
a minha tia	A minha tia deve estar com fome.
nós	Nós devemos estar com fome.
o meu pai	O meu pai deve estar com fome.
as moças	As moças devem estar com fome.
eu	Eu devo estar com fome.

	Nós comemos bem a qualquer hora.
eu	Eu como bem a qualquer hora.
a minha família	A minha família come bem a qualquer hora.
os rapazes	Os rapazes comem bem a qualquer hora.
vocês	Vocês comem bem a qualquer hora.
a minha avó	A minha avó come bem a qualquer hora.
os nossos primos	Os nossos primos comem bem a qualquer hora.
o senhor	O senhor come bem a qualquer hora.
a Dona Amélia	A Dona Amélia come bem a qualquer hora.

	Os rapazes respondem as perguntas.
você	Você responde as perguntas.
os meus pais	Os meus pais respondem as perguntas.
vocês	Vocês respondem as perguntas.
a Dona Dulce	A Dona Dulce responde as perguntas.
a moça loura	A moça loura responde as perguntas.
os meus amigos	Os meus amigos respondem as perguntas.
eu	Eu respondo as perguntas.
eu e você	Eu e você respondemos as perguntas.

	Eu compreendo porque você está tão atrasado.
nós	Nós compreendemos porque você está tão atrasado.
o professor	O professor compreende porque você está tão atrasado.
os nossos colegas	Os nossos colegas compreendem porque você está tão atrasado.
os seus pais	Os seus pais compreendem porque você está tão atrasado.
a família dela	A família dela compreende porque você está tão atrasado.
o seu tio	O seu tio compreende porque você está tão atrasado.
eu e a Susana	Eu e a Susana compreendemos porque você está tão atrasado.
a mãe dela	A mãe dela compreende porque você está tão atrasado.

Substitute the cued words in proper place in the model and make the necessary changes.

	A farofa parece boa.
o feijão e o arroz	O feijão e o arroz parecem bons.
o aluno	O aluno parece bom.
português	O aluno parece português.
você	Você parece português.
compreende	Você compreende português.
nós	Nós compreendemos português.
francês	Nós compreendemos francês.
bem	Nós compreendemos bem.
comemos	Nós comemos bem.
batata e carne	Nós comemos batata e carne.
vocês	Vocês comem batata e carne.
bem	Vocês comem bem.

Answer the following questions with a short affirmative answer.

Você come bem?	Como, sim senhor (senhora).
O seu colega compreende português?	Compreende, sim senhor.
Vocês aprendem a lição?	Aprendemos, sim senhor.

Ele bebe muito?	Bebe, sim senhor.
Elas parecem boas alunas?	Parecem, sim senhor.
O café parece bom?	Parece, sim senhor.
Os brasileiros comem arroz com feijão?	Comem, sim senhor.
O Doutor Alceu deve estar com fome?	Deve, sim senhor.
Os senhores vendem café?	Vendemos, sim senhor.
Nós escrevemos a lição?	Escrevemos, sim senhor.
A sua prima come a qualquer hora?	Come, sim senhor.

Practice *-ar* and *-er* verbs by answering the following questions.

Você estuda com um professor do Brasil ou de Portugal?	Eu estudo com um professor do Brasil.
O Doutor Alceu come muito ou bebe muito?	Ele come muito.
Vocês estudam português ou espanhol?	Nós estudamos português.
A moça loura dança o samba ou o fox-trot?	Ela dança o samba.
Você pratica português todos os dias ou todas as semanas?	Eu pratico português todos os dias.
Os alunos pensam em inglês ou em português?	Eles pensam em inglês.
A dona Dulce pensa em português ou em inglês?	Ela pensa em português.
O seu irmão chega amanhã ou a semana que vem?	Ele chega amanhã.
Os nossos amigos compreendem português ou alemão?	Eles compreendem português.
Nós praticamos português ou francês?	Nós praticamos português.
Os meus pais chegam de Belo Horizonte ou do Rio?	Eles chegam de Belo Horizonte.
Os brasileiros comem arroz ou batatas?	Eles comem arroz.
Eu falo português ou inglês com os alunos?	O senhor (a senhora) fala português com eles.
Vocês respondem em português ou em inglês?	Nós respondemos em português.
Você mora nos Estados Unidos ou no Brasil?	Eu moro nos Estados Unidos.

(2) *Estar com* + certain expressions of feeling

Você deve estar com fome, Alceu.

Notice the following combinations

Ele está			fome.
Eu estou			sede.
Os alunos estão			sono 'sleepy'.
Nós estamos			calor 'hot'.
As moças estão	com +		medo 'afraid'.
O meu colega está			ciúme 'jealous'.
Vocês estão			pressa 'in a hurry'.
Eu estou			frio 'cold'.
Eles estão			raiva 'angry'.

To produce a sentence such as *He is hungry* in Portuguese use *estar com* + the expression of feeling.

Substitute the cued words at the beginning of the second sentence and make the necessary changes.

	O almoço está tão atrasado. Eu estou com fome.
a minha avó	O almoço está tão atrasado. A minha avó está com fome.
os senhores	O almoço está tão atrasado. Os senhores estão com fome.
o Doutor Alceu e a Dona Amélia	O almoço está tão atrasado. O Doutor Alceu e a Dona Amélia estão com fome.
nós	O almoço está tão atrasado. Nós estamos com fome.
o seu pai	O almoço está tão atrasado. O seu pai está com fome.
a senhora	O almoço está tão atrasado. A senhora está com fome.

	Você está olhando tanto para ela. O Pedro está com ciúme.
eu	Você está olhando tanto para ela. Eu estou com ciúme.
nós	Você está olhando tanto para ela. Nós estamos com ciúme.
o seu primo	Você está olhando tanto para ela. O seu primo está com ciúme.
a Maria Teresa	Você está olhando tanto para ela. A Maria Teresa está com ciúme.
as alunas	Você está olhando tanto para ela. As alunas estão com ciúme.
as suas colegas	Você está olhando tanto para ela. As suas colegas estão com ciúme.

	Nós estamos terminando a aula. Vocês estão com pressa.
a senhora	Nós estamos terminando a aula. A senhora está com pressa.
o senhor Luís	Nós estamos terminando a aula. O senhor Luís está com pressa.
eu	Nós estamos terminando a aula. Eu estou com pressa.
os senhores	Nós estamos terminando a aula. Os senhores estão com pressa.
o professor de espanhol	Nós estamos terminando a aula. O professor de espanhol está com pressa.
os seus amigos	Nós estamos terminando a aula. Os seus amigos estão com pressa.

	Nós não bebemos nada? O Doutor Alceu está com sede.
eu	Nós não bebemos nada? Eu estou com sede.
as moças	Nós não bebemos nada? As moças estão com sede.
a Dona Amélia	Nós não bebemos nada? A Dona Amélia está com sede.
todos	Nós não bebemos nada? Todos estão com sede.
nós	Nós não bebemos nada? Nós estamos com sede.
você	Nós não bebemos nada? Você está com sede.

Form a question with the suggested words; then answer the question with an affirmative answer.

você / fome	Você está com fome?
	Estou sim, eu estou com fome.
ela / medo	Ela está com medo?
	Está sim, ela está com medo.
o professor / pressa	O professor está com pressa?
	Está sim, ele está com pressa.
a moça / ciúme	A moça está com ciúme?
	Está sim, ela está com ciúme.
os alunos / sono	Os alunos estão com sono?
	Estão sim, eles estão com sono.
a sua irmã / frio	A sua irmã está com frio?
	Está sim, ela está com frio.
vocês / calor	Vocês estão com calor?
	Estamos sim, nós estamos com calor.

a senhora / sede   A senhora está com sede?
                          Estou sim, eu estou com sede.

(3) *Estar + -endo*

Elas estão parecendo boas.
Eu estou morrendo de sede.

```
estar  +  com-endo
```

As with *-ar* verbs, for repeated or habitual action or action in the near future, the forms *come, bebe,* etc. are used.
For action in progress at the present time, the forms *está comendo, está bebendo,* etc. are used.

Change the following statements of repeated or habitual action to statements of action in progress at the present time with *agora* 'now'.

Ele compreende a lição.	Ele está compreendendo a lição agora.
Os brasileiros comem arroz com feijão.	Os brasileiros estão comendo arroz com feijão agora.
Os rapazes respondem as perguntas.	Os rapazes estão respondendo as perguntas agora.
A moça come muito bem.	A moça está comendo muito bem agora.
Eles vendem café.	Eles estão vendendo café agora.
Nós comemos carne.	Nós estamos comendo carne agora.
A Dona Dulce e o senhor Luís escrevem muito.	A Dona Dulce e o senhor Luís estão escrevendo muito agora.
O seu primo não bebe nada.	O seu primo não está bebendo nada agora.
O Doutor Alceu morre de sede.	O Doutor Alceu está morrendo de sede agora.

7

Partindo para o Brasil

Susana e Fred

S: Quando vocês partem para o Brasil?
F: Eu parto amanhã de tarde. A minha senhora parte daqui a dez dias.
S: Já está tudo pronto?
F: Já. Agora nós só abrimos as malas no Rio.
S: A bagagem de vocês é grande?
F: É enorme! Dois malões e oito malas, além das maletas de mão.
S: Ainda estão discutindo o lugar da residência?
F: Amanhã nós decidimos. Acho que vamos morar em Ipanema.

Leaving for Brazil

S: When are you leaving for Brazil?
F: I'm going tomorrow afternoon. My wife is leaving in ten days.
S: Is everything ready now?
F: Yes. We won't open the suitcases again until Rio.
S: Do you have a lot of baggage?
F: Quite a bit. Two trunks and eight suitcases, besides the handbags.
S: Are you still talking about where you're going to live?
F: Tomorrow we'll decide. I think we're going to live in Ipanema.

NOTES

The equivalents for wife are *senhora, mulher* and *esposa. Senhora* is more polite when referring to your own or your friend's wife; *mulher* is used only among friends who know each other very well or when referring to a marriage, e.g. *eles se tornaram marido e mulher; esposa* is rarely used.

Rio de Janeiro is divided into two main areas: the *Zona Sul* 'Southern Zone' and the *Zona Norte* 'Northern Zone'. The first, surrounded by the Atlantic Ocean, is cooler and there one finds beautiful residential suburbs like Copacabana, Ipanema and Leblon. Ipanema is one of the nicest of these areas. The *Zona Norte* is hotter, poorer and much larger. Although one can find some comfortable residential areas there, such as Tijuca, most are poor, crowded and uncomfortable. Transportation has improved considerably in the past few years.

PRONUNCIATION PRACTICE

(1) /oi/ vs. /ɔi/

Repeat after the instructor or the tape, imitating the model as closely as possible. These diphthongs are both oral. They contrast with each other only in their first element.

/oi/		/ɔi/	
/sóis/	sois	/sɔ́is/	sóis
/póis/	pois	/ãzɔ́is/	anzóis
/dóis/	dois	/farɔ́is/	faróis
/óitu/	oito	/karakɔ́is/	caracóis
/nóite/	noite	/lẽsɔ́is/	lençóis
/móita/	moita	/r̂ɔ́is/	róis
/dóidu/	doido	/mɔ́is/	móis

(2) /oi/ vs. /õĩ/

Repeat after the instructor or the tape, imitating the model as closely as possible. The diphthong /oi/ is oral; the diphthong /õĩ/ is nasal.

/oi/		/õĩ/	
/póis/	pois	/põĩs/	pões
/dóis/	dois	/kãtõĩs/	cantões
/sóis/	sois	/ŝorõĩs/	chorões
/kóiza/	coisa	/liõĩs/	leões
/óitu/	oito	/botõĩs/	botões
/fóisi/	foice	/serõĩs/	serões
/abotóis/	abotoes	/melõĩs/	melões

STRUCTURE AND DRILLS

(1) Cardinal numbers 1 to 12

A minha senhora parte daqui a dez dias.
Dois malões e oito malas.

The cardinal numbers 1-12 show the following forms:

1	M um aluno	um malão	F uma aluna	uma mala
2	dois alunos	dois malões	duas alunas	duas malas
3	três			
4	quatro			
5	cinco	alunos		
6	seis	alunas		
7	sete	malões		
8	oito	malas		
9	nove			
10	dez			
11	onze			
12	doze			

Only the cardinal numbers *um* 'one' and *dois* 'two' show contrasting masculine and feminine forms.

Practise counting in Portuguese.

Conte de um a cinco.   Um, dois, três, etc.
Conte de cinco a dez.   Cinco, seis, sete, etc.
Conte de um a dez.   Um, dois, três, etc.
Conte de um a doze.   Um, dois, três, etc.

Substitute the cued number in the model sentence.

                      Ela parte daqui a dez dias.
três   Ela parte daqui a três dias.
(cinco, onze, nove, quatro, dois, seis, sete, doze, três, dez)

(2) Present tense of *-ir* verbs

Eu parto amanhã de tarde.
A minha senhora parte daqui a dez dias.
Amanhã nós decidimos.
Quando vocês partem para o Brasil?

The present tense of *-ir* verbs, e.g. *partir, decidir, discutir, abrir, reunir* 'gather', etc., shows the following forms:

part-ir

eu	part-o	nós	part-imos
você ⎤ o senhor ⎥ a senhora ⎥ part-e ele ⎥ ela ⎦		vocês ⎤ os senhores ⎥ as senhoras ⎥ part-em eles ⎥ elas ⎦	

Compare the endings of *-ar*, *-er*, and *-ir* verbs.

fal-ar	com-er	part-ir
-o	-o	-o
-a	-e	-e
-amos	-emos	-imos
-am	-em	-em

In the present tense *-er* and *-ir* verbs show identical endings except in the first person plural.

As has been mentioned before, the present tense is frequently used to express the future.

Substitute the cued words in the model sentences and make the necessary changes.

	Quando vocês partem para o Brasil?
nós	Quando nós partimos para o Brasil?
a sua senhora	Quando a sua senhora parte para o Brasil?
você	Quando você parte para o Brasil?
os seus colegas	Quando os seus colegas partem para o Brasil?
eu	Quando eu parto para o Brasil?
o marido dela	Quando o marido dela parte para o Brasil?
os senhores	Quando os senhores partem para o Brasil?
eu e você	Quando eu e você partimos para o Brasil?

	Agora nós só abrimos as malas no Rio.
eu	Agora eu só abro as malas no Rio.
eles	Agora eles só abrem as malas no Rio.
os meus pais	Agora os meus pais só abrem as malas no Rio.
a minha irmã	Agora a minha irmã só abre as malas no Rio.
os senhores	Agora os senhores só abrem as malas no Rio.
a sua senhora	Agora a sua senhora só abre as malas no Rio.
eu e o meu irmão	Agora eu e o meu irmão só abrimos as malas no Rio.

	Eles reúnem os amigos em casa.
vocês	Vocês reúnem os amigos em casa.
eu	Eu reúno os amigos em casa.
nós	Nós reunimos os amigos em casa.
a minha mãe	A minha mãe reúne os amigos em casa.
o senhor	O senhor reúne os amigos em casa.
os nossos tios	Os nossos tios reúnem os amigos em casa.
você	Você reúne os amigos em casa.
o filho dela	O filho dela reúne os amigos em casa.

Answer the following questions by selecting the first alternative.

Vocês partem para o Brasil ou para Nova Iorque?	Nós partimos para o Brasil.
Eles reúnem os alunos hoje ou amanhã?	Eles reúnem os alunos hoje.
A sua senhora parte daqui a dez dias ou amanhã?	Ela parte daqui a dez dias.
Vocês devem partir hoje ou amanhã?	Nós devemos partir hoje.
Eles abrem as malas no Rio ou em Belo Horizonte?	Eles abrem as malas no Rio.
A bagagem parece enorme ou pequena?	A bagagem parece enorme.
Vocês comem bem a qualquer hora ou só no almoço?	Nós comemos bem a qualquer hora.
Você come devagar ou depressa?	Eu como devagar.

Substitute the proper form of the cued verb in the model sentence.

	Nós partimos amanhã.
comer	Nós comemos amanhã.
escrever	Nós escrevemos amanhã.
abrir as malas	Nós abrimos as malas amanhã.
compreender isto	Nós compreendemos isto amanhã.
discutir	Nós discutimos amanhã.
decidir	Nós decidimos amanhã.
beber	Nós bebemos amanhã.
reunir os colegas	Nós reunimos os colegas amanhã.

(3) *Estar + -indo*

Vocês ainda estão discutindo o lugar da residência?

estar + part-indo

As with -*ar* and -*er* verbs, for repeated or habitual action or action in the near future, the forms *parto, discuto*, etc. are used.

For action in progress at the present time, the forms *está partindo, está discutindo*, etc. are used.

Change the following statements referring to the future into statements expressing action in progress at the present time which include the phrase *neste momento* 'at this moment'.

Eu parto amanhã.	Eu estou partindo neste momento.
Nós abrimos as malas no Rio.	Nós estamos abrindo as malas neste momento.
Ela parte daqui a dez dias.	Ela está partindo neste momento.
Nós abrimos os dois malões amanhã.	Nós estamos abrindo os dois malões neste momento.
Eles reúnem os alunos amanhã.	Eles estão reunindo os alunos neste momento.
Nós decidimos isto daqui a dez dias.	Nós estamos decidindo isto neste momento.
O marido abre a bagagem no Rio.	O marido está abrindo a bagagem neste momento.
Elas discutem isto a semana que vem.	Elas estão discutindo isto neste momento.

(4) Adverbial phrases expressing time

Eu parto amanhã de tarde.
A minha senhora parte daqui a dez dias.

amanhã hoje ontem 'yesterday'		de	dia manhã 'morning' tarde noite
daqui a de hoje a		um, uma dois, duas três etc.	semana(s) mês(es) 'month' ano(s) 'year' etc.
de	dois, duas três quatro etc.	em dois, duas três quatro etc.	horas 'hours' dias semanas meses anos etc.

The phrases *de dia, de manhã, de tarde, de noite* may also be used without *amanhã, hoje, ontem*.

Notice the following examples:

Eles trabalham de dia e dançam de noite.
Nós estudamos de manhã.
Os meus pais chegam amanhã de noite.
Ela parte hoje de noite.
Eu pratico português hoje de tarde.

O trem chega daqui a cinco minutos 'The train arrives in five minutes'.
Ela chega daqui a um ano.
Vocês partem de hoje a três meses.

Nós estudamos português de dois em dois dias.
Os trens partem da estação de duas em duas horas
    'The trains leave the station every two hours'.
Eles reúnem os amigos de três em três semanas.

Answer the following questions by choosing the second alternative.

Você trabalha de noite ou de dia?	Eu trabalho de dia.
Vocês praticam português de manhã ou de tarde?	Nós praticamos português de tarde.
Os seus pais partem hoje de noite ou amanhã de manhã?	Os meus pais partem amanhã de manhã.
A Helena chega hoje de tarde ou hoje de noite?	Ela chega hoje de noite.
O trem chega agora ou daqui a dez minutos?	O trem chega daqui a dez minutos.
Vocês partem hoje ou daqui a três semanas?	Nós partimos daqui a três semanas.
O Paulo chega agora ou de hoje a um mês?	Ele chega de hoje a um mês.
Nós estudamos português todos os dias ou de dois em dois dias?	Nós estudamos português de dois em dois dias.

Substitute the cued words in the proper place in the model sentence and make the necessary changes.

	Os trens partem de duas em duas horas.
de três em três horas	Os trens partem de três em três horas.
os alunos	Os alunos partem de três em três horas.

daqui a oito dias	Os alunos partem daqui a oito dias.
decidem	Os alunos decidem daqui a oito dias.
ela	Ela decide daqui a oito dias.
dança	Ela dança daqui a oito dias.
de oito em oito dias	Ela dança de oito em oito dias.
eu	Eu danço de oito em oito dias.
discuto	Eu discuto de oito em oito dias.

Review this lesson by asking the suggested question and by then providing a suitable answer.

Pergunte ao colega quando o Fred parte para o Brasil.
Quando o Fred parte para o Brasil?
Ele parte amanhã de tarde.

Pergunte ao colega quando a senhora do Fred parte.
Quando a senhora do Fred parte?
Ela parte daqui a dez dias.

Pergunte ao colega se a bagagem deles é grande.
A bagagem deles é grande?
É enorme.

Pergunte ao colega onde eles abrem as malas.
Onde eles abrem as malas?
Eles abrem as malas no Rio.

Pergunte ao colega o que é que eles ainda estão discutindo.
O que é que eles ainda estão discutindo?
Eles estão discutindo o lugar da residência.

Pergunte ao colega quando eles decidem o lugar da residência.
Quando eles decidem o lugar de residência?
Amanhã eles decidem.

Peça ao colega que conte de um a cinco.
Conte de um a cinco.
Um, dois, três, quatro, cinco.

Peça ao colega que conte de seis a doze.
Conte de seis a doze.
Seis, sete, oito, nove, dez, onze, doze.

Pergunte ao colega quando ele parte para o Brasil.
Quando você parte para o Brasil?
Eu parto daqui a um ano.

Pergunte ao colega se ele estuda português de manhã ou de tarde.
Você estuda português de manhã ou de tarde?
Eu estudo português de manhã.

Review the contrast between statement and intonation questions by changing the following statements into questions. During the drill notice again the contrast between *ser* expressing identification and *estar* expressing temporary location.

Ele é aluno de português.	Ele é aluno de português?
Ele está na nossa aula.	Ele está na nossa aula?
Ele é brasileiro.	Ele é brasileiro?
Ele está no Brasil.	Ele está no Brasil?
Ele é americano.	Ele é americano?
Ele está nos Estados Unidos.	Ele está nos Estados Unidos?
Ela é sua irmã.	Ela é sua irmã?
Ela está em casa.	Ela está em casa?
Ela é sua prima.	Ela é sua prima?
Ela está na nossa festa.	Ela está na nossa festa?
Ele é professor de português.	Ele é professor de português?
Ele está na Universidade.	Ele está na Universidade?
Ele é francês.	Ele é francês?
Ele está na França.	Ele está na França?
Ele é inglês.	Ele é inglês?
Ele está na Inglaterra.	Ele está na Inglaterra?

8

No clube

Ana Maria e Pedro

M: Amanhã é segunda-feira. Nós já vamos começar as aulas de novo.
P: Você só gosta dos sábados e domingos?
M: E também da sexta-feira. Eu sempre venho aqui dançar com o Rui.
P: As terças, quartas e quintas-feiras não são ruins. Eu vou ao teatro e aos concertos.
M: Você é intelectual; vai ao Teatro Municipal, gosta de Villa-Lobos . . .
P: Intelectual por quê? Aqui no Rio todos vão às óperas e aos concertos.

At the club

M: Tomorrow is Monday. We have to start classes again.
P: Do you just like Saturday and Sunday?
M: Friday, too. I always come here to dance with Rui.
P: Tuesday, Wednesday and Thursday aren't bad. I go to the theatre and the concerts.
M: You're an intellectual. You go to the Municipal Theatre and you like Villa-Lobos.
P: Why intellectual? Here in Rio everybody goes to the operas and concerts.

NOTES

The *Teatro Municipal*, in the heart of Rio, is the main center for operas, ballets, concerts and sophisticated plays. The most famous musicians, actors, and singers make their appearance there. The season is at its height during the Brazilian winter, June, July, and August.

Heitor Villa-Lobos, internationally known composer and conductor, is the greatest musician of Brazil. He was born on March 5, 1887 and died on November 17, 1959 after bringing Brazilian music to a very high plane. He left almost two thousand works of music which present an excellent portrait of the soul of Brazil.

PRONUNCIATION PRACTICE

(1) /ui/

Repeat after the instructor or the tape, imitating the model as closely as possible. The diphthong /ui/ is oral.

/ui/			
/r̂úi/	Rui	/ĩtúitu/	intuito
/r̂úivu/	ruivo	/gratúitu/	gratuito
/kúidu/	cuido	/flúidu/	fluido
/diskúidu/	descuido	/úivu/	uivo
/fúi/	fui	/fôr̂túitu/	fortuito

(2) /ũĩ/

Repeat after the instructor or the tape, imitating the model as closely as possible. The diphthong /ũĩ/ is nasal.

/ũĩ/	
/r̂ṹĩ/	ruim
/mṹĩtu/	muito

(3) /iu/

Repeat after the instructor or the tape, imitating the model as closely as possible. The diphthong /iu/ is oral.

/iu/			
/víu/	viu	/aẑíu/	agiu
/r̂íu/	riu	/pidíu/	pediu
/abríu/	abriu	/sur̂ẑíu/	surgiu
/subíu/	subiu	/r̂epitíu/	repetiu
/par̂tíu/	partiu	/fuẑíu/	fugiu

STRUCTURE AND DRILLS

(1) Present tense of *ir*

Eu vou ao teatro e aos concertos.
Você vai ao Teatro Municipal.
Todos vão às óperas e aos concertos.

The present tense of the irregular verb *ir* 'go' shows the following forms:

ir

eu	vou	nós	vamos
você o senhor a senhora ele ela	vai	vocês os senhores as senhoras eles elas	vão

Substitute the cued words in the model sentence and make the necessary changes.

	Eu vou ao teatro e aos concertos.
a Susana	A Susana vai ao teatro e aos concertos.
nós	Nós vamos ao teatro e aos concertos.
as moças	As moças vão ao teatro e aos concertos.
eu	Eu vou ao teatro e aos concertos.
vocês	Vocês vão ao teatro e aos concertos.
o filho dela	O filho dela vai ao teatro e aos concertos.
aqui no Rio todos	Aqui no Rio todos vão ao teatro e aos concertos.
a minha irmã	A minha irmã vai ao teatro e aos concertos.
	Você vai à festa hoje.
nós	Nós vamos à festa hoje.
os rapazes	Os rapazes vão à festa hoje.
eu	Eu vou à festa hoje.
eu e o Paulo	Eu e o Paulo vamos à festa hoje.
os meus pais	Os meus pais vão à festa hoje.
a minha prima	A minha prima vai à festa hoje.
os senhores	Os senhores vão à festa hoje.
vocês	Vocês vão à festa hoje.

(2) Present tense of *vir*

Eu sempre venho aqui dançar com o Rui.
Os meus irmãos só chegam a semana que vem.

The present tense of the irregular verb *vir* 'come' shows the following forms:

vir

eu	venho	nós	vimos
você o senhor a senhora ele ela	vem	vocês os senhores as senhoras eles elas	vêm

Vir contrasts with *ir* in that *vir* implies motion towards the speaker; whereas *ir* implies motion away from the speaker.

Substitute the cued words in the model sentence and make the necessary changes.

	Eu sempre venho aqui.
o rapaz rico	O rapaz rico sempre vem aqui.
nós	Nós sempre vimos aqui.
as moças alemãs	As moças alemãs sempre vêm aqui.
vocês	Vocês sempre vêm aqui.
a senhora	A senhora sempre vem aqui.
a irmã dele	A irmã dele sempre vem aqui.
eu	Eu sempre venho aqui.
o professor francês	O professor francês sempre vem aqui.

	Ele vem aos Estados Unidos todos os anos.
eu	Eu venho aos Estados Unidos todos os anos.
o Senhor Luís	O Senhor Luís vem aos Estados Unidos todos os anos.
a minha tia	A minha tia vem aos Estados Unidos todos os anos.
nós	Nós vimos aos Estados Unidos todos os anos.
os filhos dela	Os filhos dela vêm aos Estados Unidos todos os anos.
você	Você vem aos Estados Unidos todos os anos.
os senhores	Os senhores vêm aos Estados Unidos todos os anos.
o seu primo	O seu primo vem aos Estados Unidos todos os anos.

Answer the following questions with short affirmative answers.

Você vem à Universidade todos os dias?	Venho, sim senhor (senhora).
Os alunos vêm ao concerto amanhã?	Vêm, sim senhor.
Eu venho à aula segunda-feira?	Vem, sim senhor.
Nós vimos sempre à aula de português?	Vimos, sim senhor.
Você vem à festa?	Venho, sim senhor.
O professor vem sempre ao escritório?	Vem, sim senhor.
Os seus pais vêm aos Estados Unidos?	Vêm, sim senhor.
Vocês vêm às festas da Universidade?	Vimos, sim senhor.
A sua mãe vem à Universidade quinta-feira?	Vem, sim senhor.

Answer the following questions by choosing the second alternative. In the course of the drill notice the contrast between *vir* expressing motion towards the speaker and *ir* expressing motion away from the speaker.

Hoje você vai ao teatro ou vem à aula?	Eu venho à aula.
Domingo nós vimos à Universidade ou vamos ao concerto?	Nós vamos ao concerto.
Este ano os seus amigos vão ao Rio ou vão a Belo Horizonte?	Eles vão a Belo Horizonte.
Hoje a Dona Dulce vem à aula ou vai ao teatro?	Ela vai ao teatro.
Amanhã eu venho aqui ou vou à ópera?	O senhor vai à ópera.
Este ano vocês vão ao Brasil ou vão à Inglaterra?	Nós vamos à Inglaterra.
Hoje a Susana vai à casa da Dona Amélia ou vem à Universidade?	Ela vem à Universidade.
Quinta-feira você vem à festa ou vem à aula?	Eu venho à aula.

(3) Days of the week

Amanhã é segunda-feira.
Você só gosta dos sábados e domingos?
E também da sexta-feira.
As terças, quartas e quintas-feiras não são ruins.

Dias da semana	Days of the week
domingo	Sunday
segunda-feira	Monday
terça-feira	Tuesday
quarta-feira	Wednesday
quinta-feira	Thursday
sexta-feira	Friday
sábado	Saturday

Notice that in Portuguese the days of the week are normally not written with a capital letter.

Give a negative answer to each of the following questions. Include in your answer the day of the week following the day mentioned in the question.

Amanhã é domingo?
Você vem aqui sexta-feira?
Ela gosta de quinta-feira?
Vocês estudam português segunda-feira?
A Helena vai ao teatro sábado?

Não, amanhã é segunda-feira.
Não, eu venho aqui sábado.
Não, ela gosta de sexta-feira.
Não, nós estudamos português terça-feira.
Não, a Helena vai ao teatro domingo.

Ela parte para o Brasil terça-feira?
Você vai à festa sexta-feira?
Os seus pais chegam quarta-feira?
Os alunos estão aqui domingo?
O Paulo vai ao concerto segunda-feira?

Não, ela parte para o Brasil quarta-feira.
Não, eu vou à festa sábado.
Não, eles chegam quinta-feira.
Não, eles estão aqui segunda-feira.
Não, ele vai ao concerto terça-feira.

(4) *Ir* + infinitive

Nós já vamos começar as aulas.

ir + infinitive
Eu vou dançar amanhã.
Você vai partir sexta-feira.
Nós vamos estudar amanhã.
Nós vamos gostar da ópera.
Eles vão escrever a lição segunda-feira.
Vocês vão responder a carta amanhã 'You (pl.) are going to reply to the letter tomorrow'.

The present tense of *ir* plus an infinitive is used to express future time. This construction is similar to the English *He is going to....*

The infinitives *ir* and *vir*, however, do not occur after a form of *ir* in this construction.

Substitute the cued words in the model sentence and make the necessary changes.

	Nós já vamos começar as aulas.
todos	Todos já vão começar as aulas.
eu	Eu já vou começar as aulas.
eu e o Pedro	Eu e o Pedro já vamos começar as aulas.
o professor	O professor já vai começar as aulas.
as universidades	As universidades já vão começar as aulas.
os franceses	Os franceses já vão começar as aulas.
você	Você já vai começar as aulas.
a Dona Dulce	A Dona Dulce já vai começar as aulas.

Change the verbs in the following sentences to the *ir + infinitive* construction.

Nós começamos as aulas de novo.	Nós vamos começar as aulas de novo.
A Maria Teresa fala português.	A Maria Teresa vai falar português.
Você gosta dos sábados.	Você vai gostar dos sábados.
As terças-feiras não são ruins.	As terças-feiras não vão ser ruins.
Você é intelectual.	Você vai ser intelectual.
Ele gosta de Villa-Lobos.	Ele vai gostar de Villa-Lobos.
Quantas pessoas moram em sua casa?	Quantas pessoas vão morar em sua casa?
Vocês reúnem os amigos?	Vocês vão reunir os amigos?

(5) The preposition *a* before *o, a, os, as*

Eu vou ao teatro e aos concertos.
Todos vão às óperas.

```
a + o   =   ao
a + a   =   à
a + os  =   aos
a + as  =   às
```

When the preposition *a* occurs before the definite article, it combines with the article as indicated above. The forms *a, as* vs. *à, às* differ only in the way they are written.

Substitute the cued words in the model sentence.

	Eu vou ao teatro.
concertos	Eu vou aos concertos.
aulas	Eu vou às aulas.
Teatro Municipal	Eu vou ao Teatro Municipal.
escritórios	Eu vou aos escritórios.
Brasil	Eu vou ao Brasil.
Universidade Católica	Eu vou à Universidade Católica.
Rio	Eu vou ao Rio.
sua casa	Eu vou à sua casa.

	Os alunos vêm às aulas de português.
Universidade	Os alunos vêm à Universidade.
casa da Dona Amélia	Os alunos vêm à casa da Dona Amélia.
óperas	Os alunos vêm às óperas.
Estados Unidos	Os alunos vêm aos Estados Unidos.
concerto	Os alunos vêm ao concerto.
telefone	Os alunos vêm ao telefone.
aulas de português	Os alunos vêm às aulas de português.
clubes	Os alunos vêm aos clubes.

Review this lesson by answering the following questions according to the dialogue.

Que dia é amanhã?	Amanhã é segunda-feira.
O que é que eles vão começar de novo?	Eles vão começar as aulas.
A Ana Maria só gosta dos sábados e domingos?	Ela gosta da sexta-feira tambem.
Por que é que a Ana Maria gosta da sexta-feira?	Porque ela vai sempre dançar com o Rui.
Por que é que o Pedro gosta das terças, quartas e quintas-feiras?	Porque ele vai ao teatro e aos concertos.
Por que é que o Pedro é intelectual?	Porque ele vai ao Teatro Municipal e gosta de Villa-Lobos.
No Rio, onde todos vão?	No Rio, todos vão às óperas e aos concertos.
Hoje você vai ao teatro ou vai estudar?	Hoje eu vou estudar.

9

Na feira livre

Dona Amélia e Seu Raul

A: Bom dia, Seu Raul. O senhor tem repolho fresco?
R: Tenho, sim senhora. Este aqui é grande e bonito.
A: Esse aí é caro. Eu quero aquele, lá no fundo da barraca.
R: Muito bem. E o que mais? Nós temos muitas verduras e frutas.
A: Essas laranjas são baratas mas são tão pequenas.
R: São pequenas mas têm bom sabor. Eu vou pôr isto tudo no carro da senhora.

At the outdoor market

A: Hello, Seu Raul. Do you have any fresh cabbage?
R: Yes, I do, senhora. This one here is large and nice looking.
A: That one is expensive. I want that one over there at the end of the stall.
R: Very well. And what else? We have a lot of fruit and vegetables.
A: Those oranges are inexpensive but they're too small.
R: They are small but they taste good. I'll put all this in your car.

NOTES

The *feira* is the open market common to all cities and towns in Brazil. The *barracas* 'stands' are put up in different streets on different days of the week and there one can buy everything from household articles and clothing to any kind of food.

Seu is the short form for *senhor*. It is used in colloquial speech before a man's first name.

PRONUNCIATION PRACTICE

(1) /r̃/ vs. /r/

These two consonants have no equivalents in English. /r̃/ is a voiceless velar fricative. (See pages 7-9 for a description of other realizations of this sound which may occur in other dialects of Brazilian Portuguese.) It is similar to the final sound in the Scotch *loch*. /r/ is a voiced flap. It is similar to the variant of *d* which occurs in the rapid pronunciation of the English word *ladder*.

Both of these sounds occur between vowels in the middle of words. This is the only position in which they contrast with each other. In all other positions either one sound or the other may occur.

Repeat after the instructor or the tape, imitating the model as closely as possible.

/r̃/		/r/	
/kár̃u/	carro	/káru/	caro
/ár̃i/	arre	/ári/	are
/tór̃a/	torra	/tóra/	tora
/ér̃a/	erra	/éra/	era
/ēsér̃a/	encerra	/ēséra/	encera
/ar̃áña/	arranha	/aráña/	aranha
/kór̃u/	corro	/kóru/	couro
/fér̃a/	ferra	/féra/	fera
/mír̃a/	mirra	/míra/	mira
/kór̃i/	corre	/kóri/	core
/tór̃i/	torre	/tóri/	tore
/sér̃a/	serra	/séra/	sera
/fór̃u	forro	/fóru/	foro

(2) /r̃/

In syllable initial position either at the beginning of a word or in the middle of a word after a consonant only this sound occurs.

/r̃/			
/r̃éi/	rei	/r̃ádiu/	rádio
/r̃úi/	Rui	/r̃apás/	rapaz
/r̃íu/	riu	/r̃ópa/	roupa
/r̃óza/	rosa	/r̃epíta/	repita
/r̃ãmu/	ramo	/r̃íko/	rico

/r̃átu/	rato	/r̃epóɬu/	repolho
/r̃úa/	rua	/mélr̃u/	melro
		/gélr̃a/	guelra

STRUCTURE AND DRILLS

(1) Present tense of *ter* and *querer*

O senhor tem repolho fresco?
Tenho, sim senhora.
As laranjas têm bom sabor?
Nós temos muitas verduras e frutas.

Eu quero aquele, lá no fundo da barraca.
Você quer arroz com feijão?

The present tense of the irregular verbs *ter* 'have' and *querer* 'wish, want' shows the following forms:

Previous pattern

com-er	com-o	com-e	com-emos	com-em

New pattern

t- quer-⌋ -er	tenh- quer-⌋ -o	tem quer	t- quer-⌋ -emos	t-êm quer-em

Ter is irregular in its singular forms. *Querer* is irregular only in the third person singular.

Substitute the cued words in the model sentence and make the necessary changes.

	Nós temos muitas verduras e frutas.
eu	Eu tenho muitas verduras e frutas.
o Seu Raul	O Seu Raul tem muitas verduras e frutas.
eles	Eles têm muitas verduras e frutas.
a Dona Amélia	A Dona Amélia tem muitas verduras e frutas.
vocês	Vocês têm muitas verduras e frutas.
a minha avó	A minha avó tem muitas verduras e frutas.
as senhoras	As senhoras têm muitas verduras e frutas.
eu e você	Eu e você temos muitas verduras e frutas.

	Ele tem um carro pequeno.
o meu tio	O meu tio tem um carro pequeno.
nós	Nós temos um carro pequeno.
o Pedro	O Pedro tem um carro pequeno.
eu	Eu tenho um carro pequeno.
você	Você tem um carro pequeno.
as senhoras	As senhoras têm um carro pequeno.
os alunos	Os alunos têm um carro pequeno.
o Dr. Alceu e a Dona Amélia	O Dr. Alceu e a Dona Amélia têm um carro pequeno

Ask a question with the words suggested and the proper form of the verb *ter*; then reply to the question with a negative answer.

ele / um carro pequeno
Ele tem um carro pequeno?
Não, ele tem um carro grande.

os alunos / livros baratos
Os alunos têm livros baratos?
Não, eles têm livros caros.

o senhor / uma casa grande.
O senhor tem uma casa grande?
Não, eu tenho uma casa pequena.

nós / uma barraca baixa.
Nós temos uma barraca baixa?
Não, vocês têm uma barraca alta.

o Seu Raul / laranjas pequenas
O Seu Raul tem laranjas pequenas?
Não, ele tem laranjas grandes.

o professor / um carro bonito
O professor tem um carro bonito?
Não, ele tem um carro feio.

eu / uma irmã alta
Eu tenho uma irmã alta?
Não, você tem uma irmã baixa.

eles / um escritório grande
Eles têm um escritório grande?
Não, eles têm um escritório pequeno.

você / um quarto caro
Você tem um quarto caro?
Não, eu tenho um quarto barato.

vocês / uma universidade pobre
Vocês têm uma universidade pobre?
Não, nós temos uma universidade rica.

você / colegas feias
Você tem colegas feias?
Não, eu tenho colegas bonitas.

Substitute the cued words in the model sentence and make the necessary changes.

	Eu quero laranjas boas e baratas.
você	Você quer laranjas boas e baratas.
nós	Nós queremos laranjas boas e baratas.
a Dona Amélia	A Dona Amélia quer laranjas boas e baratas.
vocês	Vocês querem laranjas boas e baratas.
estes rapazes	Estes rapazes querem laranjas boas e baratas.
eu e a Helena	Eu e a Helena queremos laranjas boas e baratas.
aquelas senhoras	Aquelas senhoras querem laranjas boas e baratas.
o senhor	O senhor quer laranjas boas e baratas.

	Você quer o número do telefone dela.
os rapazes	Os rapazes querem o número do telefone dela.
o Rui	O Rui quer o número do telefone dela.
eu	Eu quero o número do telefone dela.
nós	Nós queremos o número do telefone dela.
a professora	A professora quer o número do telefone dela.
os senhores	Os senhores querem o número do telefone dela.
eu e você	Eu e você queremos o número do telefone dela.
o meu irmão	O meu irmão quer o número do telefone dela.

	Você quer arroz com feijão.
um bom almoço	Você quer um bom almoço.
vocês	Vocês querem um bom almoço.
frutas e verduras	Vocês querem frutas e verduras.
o Seu Raul	O Seu Raul quer frutas e verduras.
nós	Nós queremos frutas e verduras.
essas laranjas	Nós queremos essas laranjas.
a Dona Amélia	A Dona Amélia quer essas laranjas.
esta casa	A Dona Amélia quer esta casa.

eu   Eu quero esta casa.

eles   Eles querem esta casa.

(2) Demonstratives

Este aqui é grande e bonito.
Essas laranjas são baratas.
Eu quero aquele, lá no fundo da barraca.
O que é isto?

Demonstratives

MS	MP
Este carro aqui é velho.	Estes carros aqui são velhos.
Esse aí é o meu livro	Esses aí são os meus livros.
Aquele rapaz lá é alto.	Aqueles rapazes lá são altos.
FS	**FP**
Esta aqui é pequena.	Estas aqui são pequenas.
Essa mala aí é cara.	Essas malas aí são caras.
Aquela moça lá é alta.	Aquelas moças lá são altas.
NS	
Isto aqui é bom.	
Isso aí é bonito.	
Aquilo lá é grande	

Este, estes, esta, estas, isto 'this, these' express nearness to the speaker, *aqui* 'here'; *esse, esses, essa, essas, isso* 'this, these' express nearness to the addressee, *aí* 'there (near you)'; *aquele, aqueles, aquela, aquelas, aquilo* 'that, those' express distance from both the speaker and the addressee, *lá* 'there'.

Isto, isso, aquilo refer to indeterminate items; they do not stand in construction with nouns. *Este, esta, aquele,* etc. may stand in construction with nouns or may themselves be nominalized.

Further examples:

Eu vou comer estes pêssegos 'I am going to eat these peaches'.
Eles vão comer isto.
Essas laranjas parecem boas.
Vocês vão vender esses peixes aí 'Are you going to sell those fish over there?'
O que é aquilo lá?

Eu quero comprar aqueles lá 'I want to buy those over there.'
Estes repolhos não estão bons.
Eu quero esta dúzia de ovos 'I want this dozen of eggs.'
Você quer esta pêra ou aquela 'Do you want this pear or that one? '
O que é isso que você está comendo?

Substitute the cued word in the model sentence and make the necessary changes.

	Este repolho aqui é caro.
carros	Estes carros aqui são caros.
laranjas	Estas laranjas aqui são caras.
peixe	Este peixe aqui é caro.
isto	Isto aqui é caro.
peras	Estas peras aqui são caras.
verduras	Estas verduras aqui são caras.

	Eu quero comprar aqueles pêssegos lá.
casa	Eu quero comprar aquela casa lá.
peras	Eu quero comprar aquelas peras lá.
carro	Eu quero comprar aquele carro lá.
ovos	Eu quero comprar aqueles ovos lá.
aquilo	Eu quero comprar aquilo lá.
livros	Eu quero comprar aqueles livros lá.

	Vocês vão vender esses peixes aí?
ovos	Vocês vão vender esses ovos aí?
casa	Vocês vão vender essa casa aí?
peras	Vocês vão vender essas peras aí?
carro	Vocês vão vender esse carro aí?
isso	Vocês vão vender isso aí?
livros velhos	Vocês vão vender esses livros velhos aí?

Change the following sentences by replacing the definite article with the demonstrative adjective suggested by the demonstrative adverbials.

Os carros aqui são grandes.	Estes carros são grandes.
A moça lá é intelectual.	Aquela moça é intelectual.
O aluno aí é inteligente.	Esse aluno é inteligente.
O professor lá é simpático.	Aquele professor é simpático.

| As laranjas aqui têm bom sabor. | Estas laranjas têm bom sabor. |
| As peras lá são pequenas. | Aquelas peras são pequenas. |

As casas aí são velhas.	Essas casas são velhas.
O rapaz aqui é alto.	Este rapaz é alto.
A sala aqui é bonita.	Esta sala é bonita.
O lápis aí é meu.	Esse lápis é meu.
As batatas lá parecem boas.	Aquelas batatas parecem boas.
Os quartos aí são grandes.	Esses quartos são grandes.

Substitute the cued words in the model sentence and make the necessary changes.

	Eu quero aquela casa lá.
aí	Eu quero essa casa aí.
nós	Nós queremos essa casa aí.
peras	Nós queremos essas peras aí.
aqui	Nós queremos estas peras aqui.
isto	Nós queremos isto aqui.
lá	Nós queremos aquilo lá.
você	Você quer aquilo lá.
carro	Você quer aquele carro lá.
aqui	Você quer este carro aqui.
esses	Você quer esses carros aí.

Review *ser* expressing fixed or geographical location in contrast to *estar* expressing changeable location by forming a question with the cued words and the proper verb. Then give an appropriate answer to the question.

o Brasil	Onde é o Brasil?
	O Brasil é na América do Sul.
a sua família	Onde está a sua família?
	A minha família está nos Estados Unidos.
os alunos de português	Onde estão os alunos de português?
	Os alunos de português estão na sala de aula.
a sua casa	Onde é a sua casa?
	A minha casa é nos Estados Unidos.
a casa da Dona Amélia	Onde é a casa da Dona Amélia?
	A casa da Dona Amélia é no Brasil.
os brasileiros	Onde estão os brasileiros?
	Os brasileiros estão no Brasil.

o quarto do Paulo

a moça loura

Onde é o quarto do Paulo?
O quarto do Paulo é no fundo da sala.
Onde está a moça loura?
A moça loura está na festa.

10

O clima do Brasil

Fred e Susana

F: Eu tenho que aprender muito sobre o Brasil.
S: Você viaja mesmo para São Paulo em março?
F: Em abril. Como é lá o clima no outono?
S: No Brasil não há estações muito definidas. Mesmo o verão e o inverno nem sempre são diferentes.
F: Dezembro, janeiro e fevereiro são meses muito quentes?
S: São sim, mas em São Paulo não faz muito calor.
F: E no Rio há inverno?
S: Não, não há não. No Rio o calor é constante mas há tantas praias. . .

Climate in Brazil

F: I have a lot to learn about Brazil.
S: Are you really going to São Paulo in March?
F: In April. What's the climate like there in the fall?
S: Seasons aren't very well-defined in Brazil. Even winter and summer are not always very different.
F: Is it very hot in December, January, and February?
S: Yes, but it's never very hot in São Paulo.
F: Is there any winter in Rio?
S: No, there isn't. It's always hot in Rio, but there are a lot of beaches.

NOTES

Brazil is an enormous country with varied climate. The Amazon basin, generally very warm, has a season of heavy tropical rains and a dry season with clear weather. In the Northeast, the altitude makes for a mild climate, but the

107

region is subject to floods and devastating droughts. The climate is generally very good in the South, though it can be very cold in winter from the state of São Paulo southward. Rio is hot in summer but there are so many mountains, trees and beaches that one does not really suffer from the heat. The best climate is found on the southwest plateau where the new capital, Brasília, is located. The seasons in Brazil correspond to the opposite ones in the United States—when it is winter in Brazil, it is summer in the United States, etc. Seasons do not really mean much for Brazilians, who think in terms of months and not seasons.

PRONUNCIATION PRACTICE

(1) /r̂/ in syllable final and word final position

Repeat after the instructor or the tape, imitating the model as closely as possible. Notice that the sound /r̂/ occurs both at the end of syllables within words when the following sound is a consonant and at the end of words.

Syllable final /r̂/		Word final /r̂/	
/ĩvér̂nu/	inverno	/sér̂/	ser
/tár̂di/	tarde	/istár̂/	estar
/ir̂mã́/	irmã	/sĩñór̂/	senhor
/kúr̂su/	curso	/kér̂/	quer
/kuár̂tu/	quarto	/kumér̂/	comer
/pér̂tu/	perto	/falár̂/	falar
/pór̂ta/	porta	/pratikár̂/	praticar
/abér̂ta/	aberta	/prazér̂/	prazer
/pár̂tẽĩ/	partem	/kualkér̂/	qualquer
/tér̂sa/	terça	/kumesár̂/	começar

(2) /r̂/ is replaced by /r/

Repeat after the instructor or the tape, imitating the model as closely as possible. Notice that in word final position /r̂/ is replaced by /r/ when the following word begins with a vowel.

/r̂/ is replaced by /r/			
/ukalór̂/	o calor	/ukalorekõstã́ti/	o calor é constante
/usĩñór̂/	o senhor	/usĩñorealṹnu/	o senhor é aluno
/falár̂/	falar	/falarĩglês/	falar inglês
/kér̂/	quer	/kerar̂ós/	quer arroz
/kualkér̂/	qualquer	/kualkeróra/	qualquer hora
/morár̂/	morar	/morarẽĩipãnẽ́ma/	morar em Ipanema
/abrír̂/	abrir	/abrirazmã́las/	abrir as malas

STRUCTURE AND DRILLS

(1) Impersonal *há* 'there is, there are'

No Rio há tantas praias.
No Brasil não há estações definidas.
E no Rio há inverno? Não, não há não.

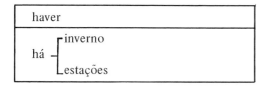

The verb *haver* shows in the present tense the impersonal form *há* 'there is, there are'.

Substitute the cued words in the model sentence.

	Há muitas praias no Rio.
duas estações	Há duas estações no Rio.
uma universidade católica	Há uma universidade católica no Rio.
muitos americanos	Há muitos americanos no Rio.
muitas praias	Há muitas praias no Rio.
um calor constante	Há um calor constante no Rio.
muitos concertos	Há muitos concertos no Rio.
muitos japoneses	Há muitos japoneses no Rio.
um Teatro Municipal	Há um Teatro Municipal no Rio.

Ask the suggested questions and then give a negative answer.

Pergunte ao seu colega se há muitas praias em São Paulo.
Há muitas praias em São Paulo?
Não, há muitas praias no Rio.

Pergunte ao seu colega se há um calor constante em São Paulo.
Há um calor constante em São Paulo?
Não, há um calor constante no Rio.

Pergunte ao seu colega se há dez meses no ano.
Há dez meses no ano?
Não, há doze meses no ano.

Pergunte ao seu colega se há duas estações nos Estados Unidos.
Há duas estações nos Estados Unidos?
Não, há quatro estações nos Estados Unidos.

Pergunte ao seu colega se há cinco estações no ano.
Há cinco estações no ano?
Não, há quatro estações no ano.

Pergunte ao seu colega se há feiras livres nos Estados Unidos.
Há feiras livres nos Estados Unidos?
Não, há feiras livres no Brasil.

(2) Months and seasons

Como é lá o clima no outono?
Mesmo o verão e o inverno nem sempre são diferentes.
Você viaja mesmo em março?
Dezembro, janeiro e fevereiro são meses muito quentes?

Meses	'months'	Estações	'seasons'
janeiro	'January'	primavera	'spring'
fevereiro	'February'	verão	'summer'
março	'March'	outono	'autumn, fall'
abril	'April'	inverno	'winter'
maio	'May'		
junho	'June'		
julho	'July'		
agosto	'August'		
setembro	'September'		
outubro	'October'		
novembro	'November'		
dezembro	'December'		

Notice that the names of the months are not written with a capital letter in Portuguese.

Substitute the cued words in the model sentence.

	Como é lá o clima no outono?
na primavera	Como é lá o clima na primavera?
em setembro	Como é lá o clima em setembro?
em janeiro	Como é lá o clima em janeiro?
em outubro	Como é lá o clima em outubro?
em junho	Como é lá o clima em junho?
no inverno	Como é lá o clima no inverno?
em maio	Como é lá o clima em maio?
no verão	Como é lá o clima no verão?
em abril	Como é lá o clima em abril?

	Dezembro, janeiro e fevereiro são meses muito quentes?
março, abril e maio	Março, abril e maio são meses muito quentes?
julho e agosto	Julho e agosto são meses muito quentes?
setembro e outubro	Setembro e outubro são meses muito quentes?
maio e junho	Maio e junho são meses muito quentes?
abril e maio	Abril e maio são meses muito quentes?
fevereiro e março	Fevereiro e março são meses muito quentes?
novembro, dezembro e janeiro	Novembro, dezembro e janeiro são meses muito quentes?
junho e julho	Junho e julho são meses muito quentes?
junho, julho e agosto	Junho, julho e agosto são meses muito quentes?

Ask a question mentioning the first month of the year. Give a negative reply mentioning the next month of the year. Continue the series until all the months are mentioned.

Você viaja para São Paulo em janeiro?	Não, eu viajo para São Paulo em fevereiro.
Você viaja para São Paulo em março?	Não, eu viajo para São Paulo em abril.
Você viaja para São Paulo em maio?	Não, eu viajo para São Paulo em junho.
Você viaja para São Paulo em julho?	Não, eu viajo para São Paulo em agosto.
Você viaja para São Paulo em setembro?	Não, eu viajo para São Paulo em outubro.
Você viaja para São Paulo em novembro?	Não, eu viajo para São Paulo em dezembro.

(3) *Ter que* + infinitive

Eu tenho que aprender muito sobre o Brasil.

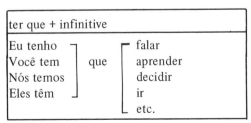

ter que + infinitive

Eu tenho		falar
Você tem	que	aprender
Nós temos		decidir
Eles têm		ir
		etc.

The *ter que* + *infinitive* construction is similar to English *I have to.* . . .

Substitute the cued words in the model sentence and make the necessary changes.

	Eu tenho que aprender muito.
estes rapazes	Estes rapazes têm que aprender muito.
você	Você tem que aprender muito.
nós	Nós temos que aprender muito.
os meus primos	Os meus primos têm que aprender muito.
os alunos ingleses	Os alunos ingleses têm que aprender muito.
estas moças	Estas moças têm que aprender muito.
a senhora	A senhora tem que aprender muito.
eu e você	Eu e você temos que aprender muito.

Substitute the cued words in the correct position.

	Nós temos que viajar para São Paulo.
partir	Nós temos que partir para São Paulo.
Brasília	Nós temos que partir para Brasília.
eu	Eu tenho que partir para Brasília.
aprender muito sobre	Eu tenho que aprender muito sobre Brasília.
pensar sobre	Eu tenho que pensar sobre Brasília.
a lição	Eu tenho que pensar sobre a lição.
a aluna	A aluna tem que pensar sobre a lição.
estudar	A aluna tem que estudar a lição.
as estações	A aluna tem que estudar as estações.
os alunos	Os alunos têm que estudar as estações.

(4) Another form of negative answer

E no Rio há inverno?
Não, não há não.

The following pattern occurs very frequently in conversational Portuguese:

não, não + verb + não

Notice the following examples:

Você vai dançar hoje?	Não, não vou não.
Ele está em casa?	Não, não está não.

Vocês são brasileiros?	Não, não somos não.
Você escreve os exercícios?	Não, não escrevo não.
'Do you write the exercises?'	
Eles decoram os diálogos?	Não, não decoram não.
'Do they memorize the dialogues?'	

Substitute the cued words in the model sentence.

	Não, não há não.
fala	Não, não fala não.
dança	Não, não dança não.
discuto	Não, não discuto não.
vão	Não, não vão não.
tem	Não, não tem não.
viajamos	Não, não viajamos não.
pensam	Não, não pensam não.
escreve	Não, não escreve não.

Give a negative answer to the following questions.

Você tem que estudar hoje?	Não, não tenho não.
Vocês vão ao Brasil em março?	Não, não vamos não.
Vocês estão discutindo?	Não, não estamos não.
Ele vai pôr tudo no carro?	Não, não vai não.
O Paulo está muito cansado?	Não, não está não.
Você é intelectual?	Não, não sou não.
Vocês vêm aqui todos os dias?	Não, não vimos não.
Eles falam japonês?	Não, não falam não.
Você e a Helena têm que estudar hoje?	Não, não temos não.
O seu pai chega amanhã?	Não, não chega não.
Em São Paulo faz muito calor?	Não, não faz não.

Review *ser* expressing permanent quality or characteristic in contrast to *estar* expressing temporary condition by substituting the cued words in the model sentence and choosing the proper verb.

	Tudo está pronto.
o almoço	O almoço está pronto.
quente	O almoço está quente.
o dia	O dia está quente.

bonito	O dia está bonito.
a minha mãe	A minha mãe é bonita.
cansada	A minha mãe está cansada.
nós	Nós estamos cansados.
inteligentes	Nós somos inteligentes.
os nossos amigos	Os nossos amigos são inteligentes.
deitados	Os nossos amigos estão deitados.

II

Na hora de ir para a escola

Betinho e Dona Amélia

B: Eu não encontro a minha pasta nem os meus cadernos.
A: Você põe tudo em qualquer lugar e depois não encontra nada.
B: Eu ponho em cima da mesa mas aqui e lá no ginásio tudo desaparece.
A: Nós sempre encontramos o que pomos no lugar certo.
B: Não aqui. As empregadas põem tudo no lixo.
A: Agora vamos almoçar. Está na hora de ir para a escola.

Getting ready for school

B: I can't find my briefcase or my notebooks.
A: You put things just anywhere and then you can't find anything.
B: I put things on the table but here and in school everything disappears.
A: We can always find what we put in the right place.
B: Not here. The maids put everything in the trash.
A: Let's have lunch now. It's time to go to school.

NOTES

Ginásio, the first part of secondary school, corresponds to junior high school. Roughly, the educational system has three main divisions: *escola primária* 'elementary school' consisting of four or five years; secondary school, divided into *ginásio* (four years) and *colégio* (three years); *escolas superiores* (university level).

Most middle class families have *empregadas* 'maids' who are responsible for almost everything in the house. Many well-to-do families have more than one *empregada*.

117

PRONUNCIATION PRACTICE

(1) Consonant plus /r/

Repeat after the instructor or the tape, imitating the model as closely as possible. Notice that /r/ occurs as the second member of the following consonant clusters.

/pr/		/br/	
/ĩpregáda/	empregada	/obrigádu/	obrigado
/prazér/	prazer	/brazíl/	Brasil
/prõtu/	pronto	/sóbri/	sobre
/aprẽdér/	aprender	/setẽbru/	setembro
/práia/	praia	/otúbru/	outubro

/kr/		/gr/	
/iskritóriu/	escritório	/grãdi/	grande
/kréspu/	crespo	/grãma/	grama
/krávu/	cravo	/mágru/	magro
/ákri/	Acre	/gríta/	grita
		/grúta/	gruta

/tr/		/dr/	
/tréis/	três	/pédru/	Pedro
/ótru/	outro	/drãma/	drama
/tiátru/	teatro	/pádri/	padre
/ĩkõtru/	encontro	/madríña/	madrinha

/fr/		/vr/	
/frúta/	fruta	/lívru/	livro
/fríu/	frio	/lívri/	livre
/fráku/	fraco	/lavradóř/	lavrador
/kɔfri/	cofre	/lávras/	lavras
/frɔta/	frota		

STRUCTURE AND DRILLS

(1) Present tense of *pôr*

Eu ponho em cima da mesa.

Você põe tudo em qualquer lugar.

Nós pomos no lugar certo.

As empregadas põem tudo no lixo.

The present tense of the irregular verb *pôr* 'put'

pôr	
ponho	pomos
põe	põem

A number of verbs are built on the base *pôr*, e.g. *compor* 'compose', *depor* 'put down', *dispor* 'dispose', etc.

Substitute the cued words in the model sentence and make the necessary changes.

	Você põe tudo em qualquer lugar.
as empregadas	As empregadas põem tudo em qualquer lugar.
nós	Nós pomos tudo em qualquer lugar.
o Betinho	O Betinho põe tudo em qualquer lugar.
a Susana	A Susana põe tudo em qualquer lugar.
a Dona Dulce	A Dona Dulce põe tudo em qualquer lugar.
vocês	Vocês põem tudo em qualquer lugar.
eu	Eu ponho tudo em qualquer lugar.
eu e você	Eu e você pomos tudo em qualquer lugar.
as minhas irmãs	As minhas irmãs põem tudo em qualquer lugar.

Substitute the cued words in the model question; then give an affirmative answer.

nós	Nós pomos tudo no lugar certo?
	Pomos, sim.
o Betinho	O Betinho põe tudo no lugar certo?
	Põe, sim.
vocês	Vocês põem tudo no lugar certo?
	Pomos, sim.
eu	Eu ponho tudo no lugar certo?
	Põe, sim.

as empregadas   As empregadas põem tudo no lugar certo?
Põem, sim.

a senhora   A senhora põe tudo no lugar certo?
Ponho, sim.

os senhores   Os senhores põem tudo no lugar certo?
Pomos, sim.

a Dona Amélia   A Dona Amélia põe tudo no lugar certo?
Põe, sim.

(2) The use of *nem*

Eu não encontro a minha pasta nem os meus cadernos.

Notice the patterns in which *nem* 'nor' and *nem. . .nem* 'neither. . .nor' occur:

Ele não tem lápis nem borracha 'He doesn't have either a pencil or an eraser'.
Eles não falam inglês nem espanhol.
Você não escreve para o seu pai nem para o seu irmão.
A Susana não vai à escola nem à festa.
O Betinho não põe nada na pasta nem na gaveta 'Betinho doesn't put anything in the bag or in the drawer'.

Two or more negatives within a single sentence are common in Portuguese. Thus another *nem* could be added to any of the above sentences, e.g. *A Susana não vai nem à escola nem à festa.*

Change the following statements to negative statements:

Eu ponho tudo em cima da mesa ou na gaveta.
Eu não ponho nada em cima da mesa nem na gaveta.

Você encontra a sua pasta e os seus cadernos.
Você não encontra a sua pasta nem os seus cadernos.

Hoje há aula e concerto.
Hoje não há aula nem concerto.

Está na hora de ir para a escola ou para a festa.
Não está na hora de ir para a escola nem para a festa.

O Betinho encontra tudo aqui e no ginásio.
O Betinho não encontra nada aqui nem no ginásio.

Nós vamos à escola ou à festa.
Nós não vamos à escola nem à festa.

O Pedro estuda em casa e na universidade.
O Pedro não estuda em casa nem na universidade.

Vocês falam português e francês.
Vocês não falam português nem francês.

Substitute the cued words in the model sentence:

	A moça loura não encontra o Pedro nem o Rui.
a pasta nem os cadernos	A moça loura não encoutra a pasta nem os cadernos.
o Betinho	O Betinho não encontra a pasta nem os cadernos.
a lição nem os exercícios	O Betinho não encontra a lição nem os exercícios.
estuda	O Betinho não estuda a lição nem os exercícios.
nós	Nós não estudamos a lição nem os exercícios.
inglês nem francês	Nós não estudamos inglês nem francês.
praticamos	Nós não praticamos inglês nem francês.
os alunos	Os alunos não praticam inglês nem francês.

(3) *Vamos* + infinitive

Agora vamos almoçar.

Vamos + infinitive
Vamos pôr tudo em cima da mesa.
Vamos dançar.
Vamos estudar a lição.
Não vamos estudar a lição.

The construction *vamos + infinitive* expresses the equivalent of English *Let's go and* .... The infinitives *ir* and *vir* do not occur after *vamos* in this construction.

The form *vamos*, however, need not always stand in construction with a following infinitive, e.g. *Vamos para a escola* 'Let's go to school'.

Substitute the cued words in the model sentence.

	Agora vamos almoçar.
estudar a lição	Agora vamos estudar a lição.
pôr tudo em cima da mesa	Agora vamos pôr tudo em cima da mesa.
para a escola	Agora vamos para a escola.
comprar estes livros	Agora vamos comprar estes livros.
para o ginásio	Agora vamos para o ginásio.
pôr tudo no lixo	Agora vamos pôr tudo no lixo.
dançar	Agora vamos dançar.
para casa	Agora vamos para casa.

At the first cue one student forms an affirmative sentence with *vamos*. At the second cue another student negates the first sentence and offers another sentence with *vamos* based on the second cue.

almoçar	Vamos almoçar.
a escola	Não vamos almoçar; vamos para a escola.
estudar	Vamos estudar.
dançar	Não vamos estudar; vamos dançar.
o escritório	Vamos para o escritório.
casa	Não vamos para o escritório; vamos para casa.
praticar a lição	Vamos praticar a lição.
cantar	Não vamos praticar a lição; vamos cantar.
comer agora	Vamos comer agora.
beber alguma coisa	Não vamos comer agora; vamos beber alguma coisa.
ao teatro	Vamos ao teatro.
abrir as malas	Não vamos ao teatro; vamos abrir as malas.
terminar os exercícios	Vamos terminar os exercícios.
à festa	Não vamos terminar os exercícios; vamos à festa.
começar a aula	Vamos começar a aula.
almoçar	Não vamos começar a aula; vamos almoçar.

Review this lesson by answering the following questions according to the information contained in the dialogue.

O que é que o Betinho não encontra? O Betinho não encontra a pasta nem os cadernos dele.

Onde é que ele põe tudo? Ele põe tudo em qualquer lugar.

Por que é que ele não encontra nada? Porque ele põe tudo em qualquer lugar.

O que é que nós sempre encontramos? Nós sempre encontramos o que pomos no lugar certo.

Onde é que as empregadas põem tudo? As empregadas põem tudo no lixo.

Está na hora de ir para a escola ou para o teatro? Está na hora de ir para a escola.

Quem vai almoçar? A Dona Amélia e o Betinho.

O Betinho e a mãe dele estão em casa ou na escola? O Betinho e a mãe dele estão em casa.

12

Dia de São João

Fred e Helena

F: Hoje é dia 24 de junho, dia de São João. Vocês fazem festa caipira?

H: Fazemos, sim. O meu irmão traz os amigos dele e eu trago uma porção de moças.

F: Dizem que é uma noite animada.

H: Eu digo que sim. Aqui em casa a mamãe sempre faz cocadas. Eu faço canjica e doce de leite.

F: Todos trazem alguma coisa, não é?

H: Não os convidados. Só os de casa. Este ano você é o convidado principal, hein?

St. John's Day

F: Today is June 24, St. John's Day. Do you usually have a *caipira* party?

H: Yes. My brother brings his friends and I bring a group of girls.

F: It's supposed to be a gay time.

H: I'll say. Here at home mama always makes *cocadas*. I make *canjica* and *doce de leite*.

F: Everybody brings something, right?

H: Not the guests, only the family. This year you're the guest of honor, you know.

NOTES

Some special holydays are celebrated in June: *Santo Antônio* 'St. Anthony' June 13, *São João* 'St. John' June 24 and *São Pedro* 'St. Peter' June 29.

125

The *Noite de São João* is the most widely celebrated. Many people have parties. They light bonfires outside and cook potatoes, corn, *cocadas* and other typical Brazilian food. Balloons and firecrakers are an indispensable part of these celebrations. Special songs are composed and there is gaiety and noise around the bonfire. People also dance at these parties although the dancing generally is held indoors. The *quadrilha*, a kind of square dance, is very popular.

Two popular candies are *cocada*, made of cocunut, and *doce de leite*, made of milk and sugar. *Canjica* is a dish made of grated corn, sugar, cinnamon and coconut milk. *Caipira* is a country person, corresponding to the American hill-billy.

PRONUNCIATION PRACTICE

(1) /m/ vs. /n/ vs. /ñ/

Repeat after the instructor or the tape, imitating the model as closely as possible. /m/ and /n/ are similar to English /m/ and /n/. /ñ/ is similar to the *ni* in *onion* or the *ny* in *canyon*.

/m/		/n/		/ñ/	
/káma/	cama	/kána/	cana	/káña/	canha
/gáma/	gama	/gána/	gana	/gáña/	ganha
/léma/	lema	/léna/	Lena	/léña/	lenha
/líma/	lima	/lína/	Lina	/líña/	linha
/sómu/	somo	/sónu/	sono	/sóñu/	sonho
/púma/	puma	/púna/	puna	/púña/	punha

(2) **Word final /ēī/ and /ī/ before a following vowel**

Repeat after the instructor or the tape, imitating the model as closely as possible. Notice that before a following vowel sound, word final /ēī/ and /ī/ are followed by /ñ/.

/trázēī/	trazem	/trazēīñalgǘma/	trazem alguma
/vēī/	vem	/vēīñakī/	vem aqui
/sēī/	sem	/sēīñaŕös/	sem arroz
/kēī/	quem	/kēīñé/	quem é
/tēī/	tem	/tēīñǘ/	tem um
/vī/	vim	/vīñakī/	vim aqui

STRUCTURE AND DRILLS

(1) **Present tense of *fazer* 'do', *trazer* 'bring', and *dizer* 'say'**

Eu trago uma porção de moças.
Eu faço canjica.

A mamãe sempre faz cocadas.
Eu digo que sim.
Dizem que é uma noite animada.

The present tense of the irregular verbs *fazer, trazer* and *dizer* shows the following forms:

Previous pattern

com-er	com-o	com-e	com-emos	com-em

New pattern

faz- traz-] -er diz-	faç- trag-] -o dig-	faz traz diz	faz- traz-] -emos diz-	faz- traz-] -em diz-

Substitute the cued words in the model sentence and make the necessary changes.

	Vocês fazem festa caipira?
a Helena	A Helena faz festa caipira?
os convidados	Os convidados fazem festa caipira?
nós	Nós fazemos festa caipira?
os seus tios	Os seus tios fazem festa caipira?
eu	Eu faço festa caipira?
os brasileiros	Os brasileiros fazem festa caipira?
a família do Doutor Alceu	A família do Doutor Alceu faz festa caipira?
a Ana Maria	A Ana Maria faz festa caipira?

	Eu trago uma porção de moças.
você	Você traz uma porção de moças.
os meus amigos	Os meus amigos trazem uma porção de moças.
a minha irmã	A minha irmã traz uma porção de moças.
a senhora	A senhora traz uma porção de moças.
eu e você	Eu e você trazemos uma porção de moças.
os caipiras	Os caipiras trazem uma porção de moças.
vocês	Vocês trazem uma porção de moças.

	Eu digo que sim.
nós	Nós dizemos que sim.
os convidados	Os convidados dizem que sim.
a moça caipira	A moça caipira diz que sim.
você	Você diz que sim.
o Betinho	O Betinho diz que sim.
eu e você	Eu e você dizemos que sim.

os alunos   Os alunos dizem que sim.
eu   Eu digo que sim.

Give negative answers to each of the following questions.

Vocês fazem festa caipira?	Não, não fazemos não.
Dizem que é uma noite animada?	Não, não dizem não.
Você diz que vai?	Não, não digo não.
O seu irmão diz que faz?	Não, não diz não.
A mamãe sempre faz cocadas?	Não, não faz não.
Eu faço canjica?	Não, não faz não.
Você faz doce de leite?	Não, não faço não.
Os convidados trazem alguma coisa?	Não, não trazem não.
Você traz alguma coisa?	Não, não trago não.
Ela traz cocada?	Não, não traz não.

Ask the suggested question; then give an affirmative answer.

Pergunte ao seu colega se a Helena e o Paulo fazem festa caipira.
A Helena e o Paulo fazem festa caipira?
Fazem, sim.

Pergunte ao seu colega se o Paulo traz os amigos dele.
O Paulo traz os amigos dele?
Traz, sim.

Pergunte ao seu colega se ele traz uma porção de moças.
Você traz uma porção de moças?
Trago, sim.

Pergunte ao seu colega se dizem que é uma noite animada.
Dizem que é uma noite animada?
Dizem, sim.

Pergunte ao seu colega se a mãe dele sempre faz cocadas.
A sua mãe sempre faz cocadas?
Faz, sim.

Pergunte ao seu colega se ele faz canjica.
Você faz canjica?
Faço, sim.

Pergunte ao seu colega se ele e a irmã dele fazem doce de leite.
Você e a sua irmã fazem doce de leite?
Fazemos, sim.

Pergunte ao seu colega se todos trazem alguma coisa.
Todos trazem alguma coisa?
Trazem, sim.

(2) Tag questions

Você é o convidado principal, hein?
Todos trazem alguma coisa, não é?

Previous pattern

Você é o convidado principal?

Todos trazem alguma coisa?

New pattern

Você é o convidado principal, hein?

Todos trazem alguma coisa, não é?

Hein? either as a tag or as an independent question corresponds to English *eh?*

Não é? after either a positive or a negative statement marks a tag question. Unlike English tags, e.g. *isn't he?*, *is he?*, *aren't they?*, *are you?*, *doesn't he?*, *does he?*, *don't they?*, *do they*?, it does not specify whether the answer should be positive or negative.

Change the following statements into tag questions with *hein*?

Você é o convidado principal.	Você é o convidado principal, hein?
Você está bonita hoje.	Você está bonita hoje, hein?
Você tem que aprender muito.	Você tem que aprender muito, hein?
No Rio o calor é constante.	No Rio o calor é constante, hein?
Hoje é dia 24 de junho.	Hoje é dia 24 de junho, hein?
Está na hora de ir para a escola.	Está na hora de ir para a escola, hein?
A porta está aberta.	A porta está aberta, hein?
Os meus pais chegam amanhã.	Os meus pais chegam amanhã, hein?

Change the following statements into tag questions with *não é*?

Todos trazem alguma coisa.	Todos trazem alguma coisa, não é?
Vocês fazem festa caipira.	Vocês fazem festa caipira, não é?
O meu irmão traz os amigos dele.	O meu irmão traz os amigos dele, não é?
Os convidados não trazem nada.	Os convidados não trazem nada, não é?
O senhor não tem repolho.	O senhor não tem repolho, não é?
Você está terminando o curso de Direito.	Você está terminando o curso de Direito, não é?
A sua família chega de Belo Horizonte.	A sua família chega de Belo Horizonte, não é?
O Paulo está doente.	O Paulo está doente, não é?

(3) The cardinal numbers from 12 to 100

Hoje é dia vinte e quatro de junho.

Cardinal numbers 12 to 100

	20 vinte	30 trinta
	21 vinte e um	40 quarenta
12 doze	22 vinte e dois	50 cinqüenta
13 treze	23 vinte e três	60 sessenta
14 quatorze	24 vinte e quatro	70 setenta
15 quinze	25 vinte e cinco	80 oitenta
16 dezesseis	26 vinte e seis	90 noventa
17 dezessete	27 vinte e sete	100 cem
18 dezoito	28 vinte e oito	
19 dezenove	29 vinte e nove	

Within each ten from twenty up, the units are added with *e*, e.g. *trinta e um*.

In giving a date the day is cited before the month, e.g. 5 de maio 'the fifth of May or May fifth'.

Conte de um a vinte.	Um dois, três, etc.
Conte de vinte a quarenta.	Vinte, vinte e um, etc.
Conte de quarenta a sessenta.	Quarenta, quarenta e um, etc.
Conte de sessenta a oitenta.	Sessenta, sessenta e um, etc.
Conte de oitenta a cem.	Oitenta, oitenta e um, etc.
Conte de dois em dois até vinte.	Dois, quatro, seis, etc.
Conte de três em três até trinta.	Três, seis, nove, etc.
Conte de cinco em cinco até cinqüenta.	Cinco, dez, quinze, etc.
Conte de dez em dez até cem.	Dez, vinte, trinta, etc.
Conte de vinte em vinte até cem.	Vinte, quarenta, etc.

Substitute the cued numbers in the model sentence.

	Eu tenho treze livros.
14	Eu tenho quatorze livros.
15	Eu tenho quinze livros.
16	Eu tenho dezesseis livros.
17	Eu tenho dezessete livros.
18	Eu tenho dezoito livros.
19	Eu tenho dezenove livros.
20	Eu tenho vinte livros.
21	Eu tenho vinte e um livros.
22	Eu tenho vinte e dois livros.

	Ela traz vinte e três pessoas.
24	Ela traz vinte e quatro pessoas.
25	Ela traz vinte e cinco pessoas.
26	Ela traz vinte e seis pessoas.
27	Ela traz vinte e sete pessoas.
28	Ela traz vinte e oito pessoas.
29	Ela traz vinte e nove pessoas.
30	Ela traz trinta pessoas.
35	Ela traz trinta e cinco pessoas.
40	Ela traz quarenta pessoas.
41	Ela traz quarenta e uma pessoas.

	Aqui há quarenta e cinco casas.
48	Aqui há quarenta e oito casas.
50	Aqui há cinqüenta casas.
56	Aqui há cinqüenta e seis casas.
60	Aqui há sessenta casas.
65	Aqui há sessenta e cinco casas.
70	Aqui há setenta casas.
78	Aqui há setenta e oito casas.
80	Aqui há oitenta casas.
87	Aqui há oitenta e sete casas.
90	Aqui há noventa casas.

	Na minha escola há noventa e cinco alunos.
82	Na minha escola há oitenta e dois alunos.
52	Na minha escola há cinqüenta e dois alunos.
67	Na minha escola há sessenta e sete alunos.
78	Na minha escola há setenta e oito alunos.
46	Na minha escola há quarenta e seis alunos.
48	Na minha escola há quarenta e oito alunos.

39	Na minha escola há trinta e nove alunos.
92	Na minha escola há noventa e dois alunos.
100	Na minha escola há cem alunos.

Give the following dates in Portuguese.

	Hoje é dia vinte e quatro de junho.
April 15	Hoje é dia quinze de abril.
September 23	Hoje é dia vinte e três de setembro.
December 19	Hoje é dia dezenove de dezembro.
February 28	Hoje é dia vinte e oito de fevereiro.
March 31	Hoje é dia trinta e um de março.
May 25	Hoje é dia vinte e cinco de maio.
July 14	Hoje é dia quatorze de julho.
August 24	Hoje é dia vinte e quatro de agosto.

13
O quadro de Portinari

Helena e Carlos

H: Olha o terceiro quadro. É o mais bonito de todos.
C: Não é mau; você sabe qual é o pintor?
H: Sei. Só pode ser Portinari.
C: Eu não vejo a razão da sua certeza. Portinari é o primeiro pintor brasileiro. Não é o único.
H: Eu posso saber pelas linhas e pelas cores. Elas são mais suaves nos quadros dele.
C: Vocês, mulheres, sabem tudo. Nós, homens, sempre sabemos menos.
H: Seu irônico . . . Com você eu sempre perco.

The Portinari painting

H: Look at the third picture. It's the most beautiful of all.
C: It's not bad. Do you know the painter's name?
H: I do. It could only be Portinari.
C: I don't see any reason for being so sure. Portinari is the best Brazilian painter but he's not the only one.
H: I know from the lines and colors. They're softer in his pictures.
C: You women know it all. We men are never as smart.
H: Mr. Sarcastic. With you, I can't win.

NOTES

Cândido Portinari, born in Brodowski in the state of São Paulo in 1903, is the most famous Brazilian painter. After his studies in Rio de Janeiro, he received a fellowship for study in Europe where he spent three years in France, England,

Italy and Spain. Some of his murals are found in the Hispanic Foundation of the Library of Congress in Washington. One of his greatest works is the mural *War and Peace* given by Brazil to the United Nations in 1955. Portinari died February 6, 1962.

PRONUNCIATION PRACTICE

(1) /l/ vs. /ʎ/

Repeat after the instructor or the tape, imitating the model as closely as possible. /l/ is similar to the *l* in *love*. /ʎ/ is similar to *lli* in *million*.

/l/		/ʎ/	
/ɔ́la/	ola	/ɔ́ʎa/	olha
/kála/	cala	/káʎa/	calha
/fála/	fala	/fáʎa/	falha
/gálu/	galo	/gáʎu/	galho
/mála/	mala	/máʎa/	malha
/tálu/	talo	/táʎu/	talho
/mɔ́la/	mola	/mɔ́ʎa/	molha
/mílu/	Milo	/míʎu/	milho

(2) /l/ in syllable final and word final position

Repeat after the instructor or the tape, imitating the model as closely as possible. Notice that when the sound /l/ occurs either at the end of syllables within words before a consonant or at the end of words it is similar to the *ll* in *dull* (or, in some dialects, a nonsyllabic /u/). When the sound /l/ occurs in word final position and the following sound is a vowel, it usually forms a syllable with that vowel and is similar to the *l* in *love*.

Syllable final /l/		Word final /l/	
/ŕélva/	relva	/kuál/	qual
/álsa/	alça	/otél/	hotel
/sélsu/	Celso	/azúl/	azul
/sílvia/	Sílvia	/papél/	papel
/kúlpa/	culpa	/ispãɲɔ́l/	espanhol
/sɔ́ltu/	solto	/brazíl/	Brasil

Word final /l/ plus following vowel	
/kualɛ́/	qual é
/uotelɛ́/	o hotel é
/azulivéŕdi/	azul e verde
/papɛlamarɛ́lu/	papel amarelo

/ispañɔlamã̈vel/   espanhol amável
/brazilã̈tĩgu/   Brasil antigo

STRUCTURE AND DRILLS

(1) Present tense of *poder, perder, saber,* and *ver*

Eu posso saber pelas linhas.
Sei. Só pode ser Portinari.
Você sabe qual é o pintor?
Eu não vejo a razão da sua certeza.
Vocês, mulheres, sabem tudo.
Nós, homens, sabemos menos.
Com você eu sempre perco.

The present tense of the irregular verbs *poder* 'be able', *perder* 'lose', *saber* 'know', and *ver* 'see' shows the following forms:

Previous pattern

com-er	com-o	com-e	com-emos	com-em

New pattern

pod- perd-] -er sab- v-	poss-] -o perc- sei vej- -o	pod- perd-] -e sab- v-ê	pod- perd-] -emos sab- v-	pod- perd-] -em sab- vê-

These verbs are irregular only in the first person singular.

Substitute the cued words in the model sentence and make the necessary changes.

	Eu posso saber pelas linhas.
vocês	Vocês podem saber pelas linhas.
o meu amigo	O meu amigo pode saber pelas linhas.
as mulheres	As mulheres podem saber pelas linhas.
eu	Eu posso saber pelas linhas.
nós	Nós podemos saber pelas linhas.
a senhora	A senhora pode saber pelas linhas.
os meus irmãos	Os meus irmãos podem saber pelas linhas.
você	Você pode saber pelas linhas.

	Com você eu sempre perco.
nós	Com você nós sempre perdemos.
os seus amigos	Com você os seus amigos sempre perdem.
a Helena	Com você a Helena sempre perde.
o pintor	Com você o pintor sempre perde.
os rapazes	Com você os rapazes sempre perdem.
eu	Com você eu sempre perco.
esta moça	Com você esta moça sempre perde.
eu e ela	Com você eu e ela sempre perdemos.

	Você sabe qual é o pintor?
os convidados	Os convidados sabem qual é o pintor?
eu	Eu sei qual é o pintor?
os senhores	Os senhores sabem qual é o pintor?
nós	Nós sabemos qual é o pintor?
a sua amiga	A sua amiga sabe qual é o pintor?
todos	Todos sabem qual é o pintor?
as senhoras	As senhoras sabem qual é o pintor?
a Helena	A Helena sabe qual é o pintor?

	Eu não vejo a razão da sua certeza.
nós	Nós não vemos a razão da sua certeza.
os pintores	Os pintores não vêem a razão da sua certeza.
a mulher	A mulher não vê a razão da sua certeza.
eu	Eu não vejo a razão da sua certeza.
as mulheres	As mulheres não vêem a razão da sua certeza.
a minha mãe	A minha mãe não vê a razão da sua certeza.
os franceses	Os franceses não vêem a razão da sua certeza.
o seu amigo	O seu amigo não vê a razão da sua certeza.

Answer the following questions according to the model presented by the first answer in each of the following sets.

Você sabe qual é o pintor? Portinari	Sei. Só pode ser Portinari.
Você sabe qual é a professora? a Dona Dulce	Sei. Só pode ser a Dona Dulce.
Você sabe qual é o quadro? este	Sei. Só pode ser este.
Você sabe qual é o rapaz? o Paulo	Sei. Só pode ser o Paulo.

Você sabe qual é a universidade? a Universidade do Brasil	Sei. Só pode ser a Universidade do Brasil.
Você sabe qual é a casa? aquela	Sei. Só pode ser aquela.
Você sabe qual é o dia? domingo	Sei. Só pode ser domingo.
Você sabe qual é o teatro? o Teatro Municipal	Sei. Só pode ser o Teatro Municipal.

Como você pode saber que é Portinari? pelas linhas

Eu posso saber pelas linhas.

Como você pode saber que ele é bom professor? pelos alunos

Eu posso saber pelos alunos.

Como você pode saber que a universidade é boa? pelos professores

Eu posso saber pelos professores.

Como você pode saber que ele é bom pintor? pelos quadros

Eu posso saber pelos quadros.

Como você pode saber que a lição é boa? pelo diálogo

Eu posso saber pelo diálogo.

Como você pode saber que esta é a casa da Dona Dulce? pelo número

Eu posso saber pelo número.

Como você pode saber que as frutas estão boas? pela cor

Eu posso saber pela cor.

Como você pode saber que esta barraca é do Seu Raul? pelas frutas

Eu posso saber pelas frutas.

Você vê aquele quadro? bonito
Você vê aquela casa? baixa
Você vê estas cores? suaves
Você vê esta mala? velha

Vejo sim, é muito bonito.
Vejo sim, é muito baixa.
Vejo sim, são muito suaves.
Vejo sim, é muito velha.

Você vê estas laranjas? caras
Você vê aquele carro lá? pequeno
Você vê o meu escritório? grande
Você vê a nossa sala de aula? boa

Vejo sim, são muito caras.
Vejo sim, é muito pequeno.
Vejo sim, é muito grande.
Vejo sim, é muito boa.

Você tem um caderno?
Você tem um quadro?
Você tem uma caneta?
Você tem uma maleta?

Não, eu perco todos os meus cadernos.
Não, eu perco todos os meus quadros.
Não, eu perco todas as minhas canetas.
Não, eu perco todas as minhas maletas.

Você tem um amigo?
Você tem um livro de português?

Não, eu perco todos os meus amigos.
Não, eu perco todos os meus livros de português.

Você tem uma pasta?
Você tem uma mala?

Não, eu perco todas as minhas pastas.
Não, eu perco todas as minhas malas.

(2) Ordinal numbers

Olha o terceiro quadro.
É o primeiro pintor brasileiro.

1º primeiro, -a, -os, -as	11º décimo primeiro
2º segundo	12º décimo segundo
3º terceiro	15º décimo quinto
4º quarto	20º vigésimo
5º quinto	22º vigésimo segundo
6º sexto	30º trigésimo
7º sétimo	40º quadragésimo
8º oitavo	100º centésimo
9º nono	1000º milésimo
10º décimo	

All of the ordinals show contrasting masculine and feminine forms in both the singular and the plural in *-o, -a, -os, -as.*

The ordinal numbers ordinarily precede the noun, e.g. *o primeiro rei* 'the first king', *a segunda vez* 'the second time'. In titles the ordinal numbers usually follow the name, e.g. *Pedro Segundo* 'Peter the Second'.

In the names of kings, queens, popes, etc. the ordinals are used up to the tenth only; for higher figures the cardinal numbers are used, e.g. *Luís Quinze* 'Louis the Fifteenth', *João Vinte e Três* 'John the Twenty-Third'.

Substitute the cued numerals in the model sentence.

	Você sabe de quem é o primeiro quadro?
segundo	Você sabe de quem é o segundo quadro?
quarto	Você sabe de quem é o quarto quadro?
sétimo	Você sabe de quem é o sétimo quadro`
quinto	Você sabe de quem é o quinto quadro?
nono	Você sabe de quem é o nono quadro?
sexto	Você sabe de quem é o sexto quadro?
décimo	Você sabe de quem é o décimo quadro?
terceiro	Você sabe de quem é o terceiro quadro?
oitavo	Você sabe de quem é o oitavo quadro?

	Esta é a décima primeira aluna.
décima terceira	Esta é décima terceira aluna.
décima oitava	Esta é a décima oitava aluna.
vigésima	Esta é a vigésima aluna.

vigésima quinta	Esta é a vigésima quinta aluna.
trigésima	Esta é a trigésima aluna.
trigésima segunda	Esta é a trigésima segunda aluna.
quadragésima	Esta é a quadragésima aluna.
centésima	Esta é a centésima aluna.
milésima	Esta é a milésima aluna.
	Olha o terceiro quadro.
casa	Olha a terceira casa.
porta	Olha a terceira porta.
livro	Olha o terceiro livro.
homem	Olha o terceiro homem.
lição	Olha a terceira lição.
caderno	Olha o terceiro caderno.
	Onde está o décimo segundo aluno?
pintor	Onde está o décimo segundo pintor?
lição	Onde está a décima segunda lição?
diálogo	Onde está o décimo segundo diálogo?
moça	Onde está a décima segunda moça?
nome	Onde está o décimo segundo nome?
número	Onde está o décimo segundo número?
	Quando chega a primeira família?
professoras	Quando chegam as primeiras professoras?
alunos	Quando chegam os primeiros alunos?
convidados	Quando chegam os primeiros convidados?
amigo	Quando chega o primeiro amigo?
rapazes	Quando chegam os primeiros rapazes?
brasileira	Quando chega a primeira brasileira?

(3) The use of *mais* and *menos*

É o mais bonito de todos.
As cores são mais suaves nos quadros dele.
Nós, homens, sempre sabemos menos.

(1)	
As cores são mais suaves nos quadros dele.	As cores são menos suaves nos quadros dele.
As mulheres sabem mais.	As mulheres sabem menos.
Há mais alunos hoje.	Há menos alunos hoje.
Há mais gente hoje.	Há menos gente hoje.
(2)	
É o mais bonito de todos.	É o menos bonito de todos.
Ela é a mais simpática da escola.	Ela é a menos simpática da escola.
(3)	
Este é o quadro mais bonito de todos.	Este é o quadro menos bonito de todos.
Esta é a moça mais simpática da escola.	Esta é a moça menos simpática da escola.

The forms *mais* 'more, most' and *menos* 'less, least' express the equivalent of English comparatives (1) and superlatives (2, 3). The preposition which usually occurs after *mais* or *menos* is *de*.

Substitute the cued words in the model sentence.

	É o mais bonito de todos.
suave	É o mais suave de todos.
doente	É o mais doente de todos.
inteligente	É o mais inteligente de todos.
simpático	É o mais simpático de todos.
velho	É o mais velho de todos.
alto	É o mais alto de todos.

	Ela é a menos simpática da festa.
bonita	Ela é a menos bonita da festa.
inteligente	Ela é a menos inteligente da festa.
feia	Ela é a menos feia da festa.
intelectual	Ela é a menos intelectual da festa.
cansada	Ela é a menos cansada da festa.
irônica	Ela é a menos irônica da festa.

	Este é o rapaz mais inteligente da escola.
alto	Este é o rapaz mais alto da escola.
baixo	Este é o rapaz mais baixo da escola.
velho	Este é o rapaz mais velho da escola.
feio	Este é o rapaz mais feio da escola.

pobre	Este é o rapaz mais pobre da escola.
rico	Este é o rapaz mais rico da escola.
	As cores são mais suaves nos quadros dele.
as linhas	As linhas são mais suaves nos quadros dele.
as casas	As casas são mais suaves nos quadros dele.
as mulheres	As mulheres são mais suaves nos quadros dele.
tudo	Tudo é mais suave nos quadros dele.
alguma coisa	Alguma coisa é mais suave nos quadros dele.
esta cor	Esta cor é mais suave nos quadros dele.
	Nós, homens, sempre sabemos menos.
mulheres	Nós, mulheres, sempre sabemos menos.
alunos	Nós, alunos, sempre sabemos menos.
professores	Nós, professores, sempre sabemos menos.
empregados	Nós, empregados, sempre sabemos menos.
caipiras	Nós, caipiras, sempre sabemos menos.
	Há menos alunos hoje.
moças	Há menos moças hoje.
arroz e feijão	Há menos arroz e feijão hoje.
amigos	Há menos amigos hoje.
homens	Há menos homens hoje.
empregadas	Há menos empregadas hoje.
gente	Há menos gente hoje.

Use the cued words and *mais* to form sentences which state that the item possesses the quality in the highest degree.

quadro / bonito / todos	É o quadro mais bonito de todos.
moças / simpáticas / escola	São as moças mais simpáticas da escola.
homem / inteligente / casa	É o homem mais inteligente da casa.
mulher / simpática / família	É a mulher mais simpática da família.
alunos / inteligentes / universidade	São os alunos mais inteligentes da universidade.
cor / suave / todas	É a cor mais suave de todas.
rapaz / feio / festa	É o rapaz mais feio da festa.
laranjas / caras / feira	São as laranjas mais caras da feira.

Repeat the previous exercise with *menos* in order to state the opposite.

quadro / bonito / todos	É o quadro menos bonito de todos.
moças / simpáticas / escola	São as moças menos simpáticas da escola.

homem / inteligente / casa	É o homem menos inteligente da casa.
mulher / simpática / família	É a mulher menos simpática da família.
alunos / inteligentes / universidade	São os alunos menos inteligentes da universidade.
cor / suave / todas	É a cor menos suave de todas.
rapaz / feio / festa	É o rapaz menos feio da festa.
laranjas / caras / feira	São as laranjas menos caras da feira.

(4) Phrases with *de* expressing possession or qualification

Eu vou pôr isto tudo no carro da senhora.
A bagagem de vocês é grande?
O quadro de Portinari.

Item + de + possessor or qualifier

Ele é amigo de todos.
Este é o quadro do artista 'That is the artist's picture'.
O carro da criança é pequeno 'The child's cart is small'.
A sala dos músicos é grande 'The musicians' room is large'.
As irmãs da minha amiga chegam hoje.
Esta barraca é do Seu Raul.
Estes livros são do professor.

Substitute the cued words in the model sentence.

	O amigo do Paulo chega amanhã.
artista	O amigo do artista chega amanhã.
Helena	O amigo da Helena chega amanhã.
pintores	O amigo dos pintores chega amanhã.
minhas irmãs	O amigo das minhas irmãs chega amanhã.
músicos	O amigo dos músicos chega amanhã.
vocês	O amigo de vocês chega amanhã.
	Estes livros são do professor.
Dona Dulce	Estes livros são da Dona Dulce.
todos nós	Estes livros são de todos nós.
crianças	Estes livros são das crianças.
pintor	Estes livros são do pintor.
convidados	Estes livros são dos convidados.
moça brasileira	Estes livros são da moça brasileira.

Answer the following questions with the suggested word.

De quem é esta barraca? Seu Raul	É do Seu Raul.
De quem é o carro? criança	É da criança.
De quem é a casa? Doutor Alceu	É do Doutor Alceu.
De quem são os livros? Pedro	São do Pedro.
De quem é a sala? músicos	É dos músicos.
De quem são os quadros? artista	São do artista.
De quem é o escritório? Senhor Luís	É do Senhor Luís.
De quem é a mala? minha amiga	É da minha amiga.

14
O Rio de Janeiro

Paulo e Fred

P: Vamos sair.
F: Eu já saio. Mas antes eu quero uma informação. O Brasil é tão grande quanto os Estados Unidos?
P: É maior do que os Estados Unidos.
F: Você quer me informar outra coisa? O Estado da Guanabara é o menor de todos?
P: Não há mais este estado. Agora está transformado na cidade do Rio de Janeiro.
F: É melhor do que São Paulo?
P: Não é melhor nem pior. O Rio é mais bonito. Em São Paulo há mais progresso.

The State of Rio de Janeiro

P: Let's go.
F: I'll go right now but first I want to know something. Is Brazil as large as the United States?
P: It's bigger than the United States.
F: Will you tell me something else? Is Guanabara smaller than the other states?
P: This state does not exist anymore. It has been made into the city of Rio de Janeiro.
F: Is it better than São Paulo?
P: It's neither better nor worse. Rio is prettier. São Paulo is more progressive.

NOTES

Brazil is larger than the United States, if one excludes Alaska and Hawaii. The city of Rio de Janeiro, one of the most beautiful in the world for its geographical location, was founded in 1565. It was the capital for about 200 years, until 1961, when Brasília became the capital and Rio was made into the State of Guanabara. In 1975 it became again the city of Rio de Janeiro, now the capital of the already existing State of Rio de Janeiro. It is one of the main centers of cultural activities in Brazil as well as the focal point of attraction in the country with its beautiful and colorful beaches, its mountains, its picturesque and exciting way of life.

Note that there is a rising inflection for *Vamos sair* 'let's go out.'

PRONUNCIATION PRACTICE

(1) /s/ vs. /z/ in initial and medial position

Repeat after the instructor or the tape, imitating the model as closely as possible. /s/ is voiceless; it is similar to the *s* in *see* or the *ss* in *hiss*. /z/ is voiced; it is similar to the *z* in *his* or in *zoo*.

/s/		/z/	
/fási/	face	/fázi/	fase
/dósi/	doce	/dózi/	doze
/kása/	caça	/káza/	casa
/r̂ása/	raça	/r̂áza/	rasa
/kásu/	caço	/kázu/	caso
/sélu/	selo	/zélu/	zelo
/r̂ɔ́sa/	roça	/r̂ɔ́za/	rosa
/asédu/	acedo	/azédu/	azedo
/sélu/	selo	/zélu/	zelo

(2) /s/ and /z/ in final position

In final position, whether syllable final or word final, /s/ and /z/ do not contrast.

(a) /s/ occurs before silence and before voiceless consonants, i.e. /p, t, k, f, s, ŝ/.

/s/	
/fás/	faz
/trás/	traz
/vosés/	vocês
/uskár̂us/	os carros
/pelaskóris/	pelas cores
/nuskuádrus/	nos quadros

/nosfalámus/	nós falamos
/vosesfálāū/	vocês falam
/meuspáis/	meus pais
/nososprímus/	nossos primos
/vãmuskomesãr̂/	vamos começar
/maispḗrtu/	mais perto

(b) /z/ occurs before voiced consonants, i.e. /b, d, g, z, ẑ, l, m, n, r̂, v/, and vowels.

/z/
/mézmu/	mesmo
/dézdi/	desde
/istaduzunídus/	Estados Unidos
/pelazlíñas/	pelas linhas
/vosezmuɫéris/	vocês mulheres
/toduzuzdías/	todos os dias
/maizbunítu/	mais bonito
/mazē ĩsãūpáulu/	mas em São Paulo
/amiguzdélis/	amigos deles
/dɛzdías/	dez dias

STRUCTURE AND DRILLS

(1) Present tense of *sair*

Eu já saio.

The present tense of the verb *sair* 'go out, leave', shows the following forms:

Previous pattern

| part-ir | part-o | part-e | part-imos | part-em |

New pattern

| sa-ir | sai-o | sa-i | sa-ímos | sa-em |

This verb is irregular only in the first person singular. *Cair* 'fall', *trair* 'betray' and *atrair* 'attract' show the same irregularity.

Substitute the cued words in the model sentence and make the necessary changes.

	Eu saio depois do almoço.
nós	Nós saímos depois do almoço.
vocês	Vocês saem depois do almoço.
os rapazes	Os rapazes saem depois do almoço.
o Paulo	O Paulo sai depois do almoço.
eu	Eu saio depois do almoço.
você	Você sai depois do almoço.
os alunos	Os alunos saem depois do almoço.
o Doutor Alceu	O Doutor Alceu sai depois do almoço.

Change the following sentences to state that *eu também* 'I also' perform them.

Ele sai de casa para o escritório.	Eu também saio de casa para o escritório.
Eles saem depois do almoço.	Eu também saio depois do almoço.
Nós saímos de tarde.	Eu também saio de tarde.
Os meus amigos saem antes do jantar.	Eu também saio antes do jantar.

Eu saio do escritório de noite.	Eu também saio do escritório de noite.
O Paulo sai da cidade toda a semana.	Eu também saio da cidade toda a semana.
A Helena sai para a escola.	Eu também saio para a escola.
Eles saem para o trabalho todos os dias.	Eu também saio para o trabalho todos os dias.

(2) *Quer (querem)* + infinitive for polite commands

Você quer me informar outra coisa?
Vocês querem abrir os livros?

Quer (querem) + infinitive for polite commands

Você quer abrir o livro (por favor)? 'Will you (sg.) open your book (please)'?
Vocês querem abrir os livros (por favor)? 'Will you (pl.) open your books (please)'?

Quer (querem) plus an infinitive (with or without *por favor* 'please' or a similar phrase) is used to express a polite command.

Change the following statements to polite commands.

Eu não abro o livro.	Você quer abrir o livro?
Nós não abrimos os livros.	Vocês querem abrir os livros?

Eu não informo outra coisa.	Você quer informar outra coisa?
Nós não estudamos a lição.	Vocês querem estudar a lição?

Eu não termino os exercícios.	Você quer terminar os exercícios?
Nós não começamos as aulas.	Vocês querem começar as aulas?
Eu não pratico português.	Você quer praticar português?
Eu não faço o almoço.	Você quer fazer o almoço?

(3) Comparative and superlative phrase substitutes

Este estado é o menor de todos.
Não é melhor nem pior.
É maior do que os Estados Unidos.

grande	maior
pequeno	menor
bom	melhor
mau	
	pior
ruim	

The adjectives in column two supply the equivalent of a comparative or superlative phrase with *mais* for the adjectives listed in column one.

Say that the items mentioned in the following sentences are extreme instances of that quality.

A nossa cidade é grande?	É a maior de todas.
Aquele quadro é mau?	É o pior de todos.
Este pintor é bom?	É o melhor de todos.
A minha mala é pequena?	É a menor de todas.

A bagagem de vocês é grande?	É a maior de todas.
A lição de hoje é boa?	É a melhor de todas.
O quarto do Paulo é ruim?	É o pior de todos.
O seu escritório é pequeno?	É o menor de todos.

(4) The use of *do que* in comparing two items

É maior do que os Estados Unidos.
É melhor do que São Paulo?

Previous pattern

O Rio é mais bonito.
Em São Paulo há mais progresso.

New pattern

O Rio é mais bonito do que São Paulo.
Em São Paulo há mais progresso do que no Rio.
As mulheres sabem mais do que os homens.
Este teatro é menos novo do que os outros 'This theater is not as new as the others'.
Estas laranjas são maiores do que as outras.

Do que 'than' occurs before the second of two items which are being compared.

Substitute the cued words in the model sentence.

	É melhor do que São Paulo?
maior	É maior do que São Paulo?
mais bonito	É mais bonito do que São Paulo?
menos bonito	É menos bonito do que São Paulo?
menor	É menor do que São Paulo?
mais quente	É mais quente do que São Paulo?
pior	É pior do que São Paulo?
menos frio	É menos frio do que São Paulo?
mais perto	É mais perto do que São Paulo?

	As mulheres sabem mais do que os homens.
falam	As mulheres falam mais do que os homens.
discutem	As mulheres discutem mais do que os homens.
pensam	As mulheres pensam mais do que os homens.
fazem	As mulheres fazem mais do que os homens.
cantam	As mulheres cantam mais do que os homens.
cansam	As mulheres cansam mais do que os homens.
viajam	As mulheres viajam mais do que os homens.
querem	As mulheres querem mais do que os homens.

Reply to the cue sentence by stating that the item has the quality mentioned more than others. Then say that the item is the superlative example of that quality.

Esta cidade é bonita.   É mais bonita do que as outras.
                                       É a mais bonita de todas.

Este estado é pequeno.	É menor do que os outros.
	É o menor de todos.
Esta lição é fácil.	É mais fácil do que as outras.
	É a mais fácil de todas.
Este caderno é grande.	É maior do que os outros.
	É o maior de todos.
Esta empregada é boa.	É melhor do que as outras.
	É a melhor de todas.
Este aluno é inteligente.	É mais inteligente do que os outros.
	É o mais inteligente de todos.
Esta casa é ruim.	É pior do que as outras.
	É a pior de todas.
Este dia é mau.	É pior do que os outros.
	É o pior de todos.

Change the following sentences to the plural.

É mais bonita do que as outras.	São mais bonitas do que as outras.
É pior do que os outros.	São piores do que os outros.
É o mais inteligente da escola.	São os mais inteligentes da escola.
É o menor de todos.	São os menores de todos.
É a mais cara da cidade.	São as mais caras da cidade.
É a maior casa da cidade.	São as maiores casas da cidade.
É o melhor aluno da escola.	São os melhores alunos da escola.
É melhor do que os outros.	São melhores do que os outros.

(5) The correlative forms *tão*, *tanto* and *quanto*

O Brasil é tão grande quanto os Estados Unidos?

(1)
O meu livro é tão bom quanto o seu.
Eles falam português tão bem quanto inglês.
(2)
Você tem tanta bagagem quanto eu.
Esta escola tem tantos alunos quanto a outra.
(3)
As mulheres sabem tanto quanto os homens.
Eu estudo tanto quanto você.

The correlative adverbial *tão* stands in construction with adjectives and adverbs (1); the correlative adjective *tanto, -a, -os, -as* stands in construction with nouns (2) and may be nominalized (3).

Substitute the cued words in the model sentence.

	O meu livro é tão bom quanto o seu.
bonito	O meu livro é tão bonito quanto o seu.
grande	O meu livro é tão grande quanto o seu.
pequeno	O meu livro é tão pequeno quanto o seu.
feio	O meu livro é tão feio quanto o seu.
ruim	O meu livro é tão ruim quanto o seu.
velho	O meu livro é tão velho quanto o seu.
novo	O meu livro é tão novo quanto o seu.
caro	O meu livro é tão caro quanto o seu.

	Você tem tanta bagagem quanto eu.
aulas	Você tem tantas aulas quanto eu.
professores	Você tem tantos professores quanto eu.
arroz	Você tem tanto arroz quanto eu.
gente	Você tem tanta gente quanto eu.
amigos	Você tem tantos amigos quanto eu.
malas	Você tem tantas malas quanto eu.
trabalho	Você tem tanto trabalho quanto eu.
café	Você tem tanto café quanto eu.

	As mulheres sabem tanto quanto os homens.
trabalham	As mulheres trabalham tanto quanto os homens.
fazem	As mulheres fazem tanto quanto os homens.
discutem	As mulheres discutem tanto quanto os homens.
viajam	As mulheres viajam tanto quanto os homens.
estudam	As mulheres estudam tanto quanto os homens.
vêem	As mulheres vêem tanto quanto os homens.
falam	As mulheres falam tanto quanto os homens.
querem	As mulheres querem tanto quanto os homens.

	O Brasil é tão grande quanto os Estados Unidos?
o quarto / a sala	O quarto é tão grande quanto a sala?
o caderno / o livro	O carderno é tão grande quanto o livro?
a pasta / a mala	A pasta é tão grande quanto a mala?
o Rio / São Paulo	O Rio é tão grande quanto São Paulo?
o banheiro / a cozinha	O banheiro é tão grande quanto a cozinha?
as batatas / as laranjas	As batatas são tão grandes quanto as laranjas?
o teatro / a escola	O teatro é tão grande quanto a escola?
a barraca / a casa	A barraca é tão grande quanto a casa?

15

Conversa de paulista e carioca

Paulo e Rui

P: Eu hoje não vou visitar fábrica nenhuma. Vocês, paulistas, só dão para trabalhar.

R: E o carioca só dá trabalho. Só pensa em diversão de manhã à noite.

P: Vocês é que não aprendem a viver. Em São Paulo as diversões são difíceis.

R: Eu dou razão a você. Mas nós temos excelentes hotéis, lindíssimos bairros residenciais, famosos museus . . .

P: O paulista sempre contando vantagem. Bem, vamos ao Museu do Ipiranga e depois damos uma volta pelo Morumbi.

A paulista and a carioca

P: Today I'm not going to visit a single factory. You Paulistas only know how to work.

R: And the Cariocas only know how to make work. You think about having a good time day and night.

P: You are the ones who don't know how to live. In São Paulo it's hard to find diversion.

R: You're right. But we have excellent hotels, beautiful residential areas, famous museums . . .

P: That's a Paulista, always crowing. Okay, let's go to the Ipiranga Museum and afterwards we can go to Morumbi.

NOTES

São Paulo, the largest industrial and commercial center in South America, is the capital of the state of São Paulo, one of the most developed parts of Brazil.

157

The residential areas are famous for beautiful houses in Brazilian architectural style. Morumbi is the newest residential area with a view of the city.

The *Museu do Ipiranga*, an historical museum, is located on the banks of the Ipiranga River near the site where Dom Pedro I, the first Emperor of Brazil, declared the Independence of Brazil on Sept. 7, 1822.

There is a kind of rivalry between *paulistas* (from São Paulo) and *cariocas* (from Rio). They are always teasing each other, each one bragging about his city.

PRONUNCIATION PRACTICE

(1) Review of the nasal diphthongs /ãũ/, /ãĩ/, /õĩ/

Repeat after the instructor or the tape, imitating the model as closely as possible.

/ãũ/		/ãĩ/	
/alemáũ/	alemão	/alemáĩs/	alemães
/páũ/	pão	/páĩs/	pães
/káũ/	cão	/káĩs/	cães
/kapitáũ/	capitão	/kapitáĩs/	capitães

/ãũ/		/õĩ/	
/diveŕsáũ/	diversão	/diveŕsóĩs/	diversões
/istasáũ/	estação	/istasóĩs/	estações
/ŕazáũ/	razão	/ŕazóĩs/	razões
/populasáũ/	população	/populasóĩs/	populações
/maláũ/	malão	/malóĩs/	malões
/veráũ/	verão	/veróĩs/	verões
/ĩfoŕmasáũ/	informação	/infoŕmasóĩs/	informações
/nasáũ/	nação	/nasóĩs/	nações

STRUCTURE AND DRILLS

(1) The present tense of *dar*

Eu dou razão a você.
O carioca só dá trabalho.
E depois damos uma volta pelo Morumbi.
Vocês, paulistas, só dão para trabalhar.

The present tense of *dar* 'give' shows the following forms:

Previous pattern

fal-ar	fal-o	fal-a	fal-amos	fal-am

New pattern

d-ar	d-ou	d-á	d-amos	d-ão

The forms of *dar* and *falar* differ mainly in the way the sounds of their endings are represented by the writing system. Apart from the first person singular where *dar* ends in the sound /ó/ in contrast to *falar* which ends in /u/, the sets of endings which occur with *dar* and *falar* sound alike.

Notice the different meanings of *dar*:

(1) 'to give' O convidado dá um presente à dona da casa 'The guest gives a present to his hostess'. Nós damos um livro ao professor.
(2) 'to agree that someone is right' Eu dou razão a você. Ele dá razão aos alunos.
(3) 'to cause' Os cariocas só dão trabalho. O trabalho dá satisfação 'The work is satisfying'.
(4) 'to go for a walk or for a ride' Nós damos uma volta pelo Morumbi. Eles dão uma volta de carro.
(5) 'to have the ability or to have great interest in doing something' Ela dá para professora. Eles só dão para escrever.
(6) 'to greet' Ela dá boa noite. Nós damos bom dia.

Substitute the cued words in the model sentence and make the necessary changes.

	Eu dou razão ao aluno.
nós	Nós damos razão ao aluno.
eles	Eles dão razão ao aluno.
o Paulo e a Susana	O Paulo e a Susana dão razão ao aluno.
as professoras	As professoras dão razão ao aluno.
você	Você dá razão ao aluno.

o professor	O professor dá razão ao aluno.
os senhores	Os senhores dão razão ao aluno.
a senhora	A senhora dá razão ao aluno.

	Os cariocas dão trabalho.
uma volta de carro	Os cariocas dão uma volta de carro.
para trabalhar	Os cariocas dão para trabalhar.
razão a você	Os cariocas dão razão a você.
presentes	Os cariocas dão presentes.
boa noite	Os cariocas dão boa noite.
razão aos amigos	Os cariocas dão razão aos amigos.
para escrever	Os cariocas dão para escrever.
uma volta por Ipanema	Os cariocas dão uma volta por Ipanema.

Answer the following questions by choosing the first alternative.

Os cariocas dão trabalho ou dão para trabalhar?	Eles dão trabalho.
O convidado dá um presente à dona da casa ou a você?	Ele dá um presente à dona da casa.
Eles dão uma volta pelo Morumbi ou por Ipanema?	Eles dão uma volta pelo Morumbi.
A moça loura dá para dançar ou para cantar?	Ela dá para dançar.
O Senhor Luís dá para professor ou para pintor?	Ele dá para professor.
Vocês dão razão às moças ou aos rapazes?	Nós damos razão às moças.
Os alunos dão satisfação ou trabalho?	Eles dão satisfação.
De manhã, você dá bom dia ou boa noite?	De manhã, eu dou bom dia.

Substitute the cued words in proper place in the model sentence.

	Nós damos um livro ao professor.
trabalho	Nós damos trabalho ao professor.
eu	Eu dou trabalho ao professor.
aos amigos	Eu dou trabalho aos amigos.
boa noite	Eu dou boa noite aos amigos.
vocês	Vocês dão boa noite aos amigos.
razão	Vocês dão razão aos amigos.
ao Rio	Vocês dão razão ao Rio.
uma volta pelo	Vocês dão uma volta pelo Rio.
ela	Ela dá uma volta pelo Rio.
Morumbi	Ela dá uma volta pelo Morumbi.

(2) The plural of forms in -ão

Em São Paulo não é fácil encontrar diversões.
Os meus irmãos só chegam a semana que vem.

(1)	a mão 'hand'	as mãos
	o irmão	os irmãos
(2)	a lição	as lições
	a diversão	as diversões
	a informação	as informações
	a estação	as estações
	o verão	os verões
	a razão	as razões
	o malão	os malões
(3)	o alemão	os alemães
	o pão 'bread'	os pães
	o cão 'dog'	os cães

Forms in -ão form their plurals

(1) by adding an -s,
(2) by replacing -ão with -ões (the most common plural),
(3) by replacing -ão with -ães.

Repeat each of the following sentences, changing the last noun to the plural.

Ela fala com o irmão.	Ela fala com os irmãos.
Elas dão a mão.	Elas dão as mãos.
Nós estudamos a lição.	Nós estudamos as lições.
Ele só pensa em diversão.	Ele só pensa em diversões.
Ele dá a informação.	Ele dá as informações.
Os trens partem da estação.	Os trens partem das estações.
Ele gosta do verão.	Ele gosta dos verões.
Você abre o malão.	Você abre os malões.
Esta é a razão.	Estas são as razões.
Eu venho com o alemão.	Eu venho com os alemães.
Não há pão.	Não há pães.
Ele vê o cão.	Ele vê os cães.

Give an affirmative answer to each of the following questions, changing the last word to the plural.

Ele vê o irmão?	Vê sim, ele vê os irmãos.
Ela compra pão?	Compra sim, ela compra pães.
Ela dança com o alemão?	Dança sim, ela dança com os alemães.
Vocês gostam do verão?	Gostamos sim, nós gostamos dos verões.
Nós vamos abrir o malão?	Vamos sim, nós vamos abrir os malões.
O aluno estuda a lição?	Estuda sim, ele estuda as lições.
O trem chega à estação?	Chega sim, ele chega às estações.
Ele gosta de diversão?	Gosta sim, ele gosta de diversões.
Você tem a informação?	Tenho sim, eu tenho as informações.

(3) The plural of forms in -l

Nós temos excelentes hotéis, lindíssimos bairros residenciais.

(1)	a capital 'capital'	as capitais
	o animal 'animal'	os animais
	residencial	residenciais
	intelectual	intelectuais
	municipal	municipais
	o hotel	os hotéis
	confortável 'comfortable'	confortáveis
	o espanhol	os espanhóis
	o sol 'sun'	os sóis
	azul 'blue'	azuis
(2)	o fuzil 'rifle'	os fuzis
	o funil 'funnel'	os funis
	civil 'civil'	civis
	infantil 'childish'	infantis
	gentil 'gentle'	gentis
(3)	difícil	difíceis
	fácil 'easy'	fáceis

Forms ending in --l form their plurals as follows:

(a) forms in -il which are stressed on the last syllable replace -l with -s, e.g. (2)

(b) forms in -il which are not stressed on the last syllable replace -il with -eis, e.g. (3)

(c) All other forms in -l replace -l with -is, e.g. (1)

Change the following sentences to the plural.

Esta é a capital.	Estas são as capitais.
A casa é confortável.	As casas são confortáveis.
Este bairro é residencial.	Estes bairros são residenciais.
Você é intelectual.	Vocês são intelectuais.
Este teatro é municipal.	Estes teatros são municipais.
O livro é azul.	Os livros são azuis.
Ele é espanhol.	Eles são espanhóis.
A aula é fácil.	As aulas são fáceis.
Ele compra o fuzil.	Ele compra os fuzis.
O diálogo é difícil.	Os diálogos são difíceis.

Answer the following questions according to the pattern presented by the first response.

Esta casa é confortável?	É sim, todas as casas aqui são confortáveis.
Este teatro é municipal?	É sim, todos os teatros aqui são municipais.
Este bairro é residencial?	É sim, todos os bairros aqui são residenciais.
Este professor é espanhol?	É sim, todos os professores aqui são espanhóis.
Esta caneta é azul?	É sim, todas as canetas aqui são azuis.
Esta lição é fácil?	É sim, todas as lições aqui são fáceis.
Esta moça é intelectual?	É sim, todas as moças aqui são intelectuais.
Este trabalho é difícil?	É sim, todos os trabalhos aqui são difíceis.

(4) The plural of forms in -s, -z, -r

Dezembro, janeiro e fevereiro são meses quentes?

(1) o mês	os meses
o país	os países
o português	os portugueses
o inglês	os ingleses
o rapaz	os rapazes
o professor	os professores
(2) o lápis	os lápis
o pires 'saucer'	os pires
o ônibus 'bus'	os ônibus

(1) Forms ending in -s which are stressed on the last syllable, and forms ending in -z or -r form their plural by adding -es.

(2) Forms ending in -s which are not stressed on the last syllable show the same form in both the singular and plural.

Change the following sentences to the plural.

O lápis é pequeno.	Os lápis são pequenos.
Este mês é quente.	Estes meses são quentes.
O país é grande.	Os países são grandes.
Este pires é caro.	Estes pires são caros.
Este aluno é francês.	Estes alunos são franceses.
O professor é simpático.	Os professores são simpáticos.
Aquele rapaz é inteligente.	Aqueles rapazes são inteligentes.
O ônibus é grande.	Os ônibus são grandes.

(5) Plurals showing a shift of /ó/ to /ɔ́/

Nós temos famosos museus.

S		P	
famoso	/famózu/	famosos	/famɔ́zus/
nervoso 'nervous'	/ner̂vózu/	nervosos	/ner̂vɔ́zus/
corajoso 'brave'	/korażózu/	corajosos	/korażɔ́zus/
estudioso 'diligent'	/istudiózu/	estudiosos	/istudiɔ́zus/
gostoso 'tasty'	/gostózu/	gostosos	/gostɔ́zus/
cheiroso 'fragrant'	/ŝeirózu/	cheirosos	/ŝeirɔ́zus/
novo	/nóvu/	novos	/nɔ́vus/
o avô	/uavó	os avós	/uzavɔ́s/
o olho 'eye'	/uółu/	os olhos	/uzɔ́łus/
o ovo	/uóvu/	os ovos	/uzɔ́vus/

These forms and some others show a shift of /ó/ to /ɔ́/ in the plural. The feminine form (singular and plural) shows the same shift.

Change the following sentences to the plural.

Este museu é famoso.	Estes museus são famosos.
Esta moça é corajosa.	Estas moças são corajosas.
Ele está nervoso.	Eles estão nervosos.

O avô está aqui.   Os avós estão aqui.
Esta cidade é nova.   Estas cidades são novas.
A laranja é gostosa.   As laranjas são gostosas.
Aqui o aluno é estudioso.   Aqui os alunos são estudiosos.
Ela não gosta de ovo.   Ela não gosta de ovos.

Answer the following questions by using the cued words in the plural.

O que é que você vai comprar?   Eu vou comprar uns pães.
  um pão
Com quem ela mora?   Ela mora com os avós.
  o avô
O que é que ele está vendo?   Ele está vendo os ônibus.
  o ônibus
Com quem eles estão falando?   Eles estão falando com os espanhóis.
  o espanhol

Com quem ela estuda?   Ela estuda com os alemães.
  o alemão
O que é que eles querem?   Eles querem informações.
  informação
O que é que você quer?   Eu quero umas canetas azuis.
  uma caneta azul
O que é que ela vai estudar?   Ela vai estudar as lições difíceis.
  a lição difícil

16

Um encontro no Ministério

Carlos e Rui

C: No meu relógio é uma e quinze. Quantas horas são no seu?

R: Faltam cinco para a uma.

C: Não é possível! Ele deve estar atrasado.

R: Está certo pelo relógio da Central. O seu é que está adiantado.

C: Às duas em ponto eu devo estar no Ministério. Eu vou conversar com o Dr. Ferreira.

R: Ele também é funcionário?

C: Ele é um alto funcionário e conhece o meu sogro. Parece que ele resolve a minha situação.

An appointment at the Ministry

C: I have 1:15. What time do you have?

R: Five minutes to one.

C: That's impossible. You must be slow.

R: It's right by the clock at the Central. Your watch is fast.

C: I have to be at the Ministry at 2:00 o'clock sharp. I'm going to talk to Dr. Ferreira.

R: Is he an official?

C: He's a high official and knows my father-in-law. He may be able to solve my problem.

NOTES

In the railroad station of the *Estrada de Ferro Central do Brasil* 'Central Brazilian Railways' in the heart of Rio, there is a huge clock tower. Many people set their watches by the clock.

Relógio corresponds to both 'watch' and 'clock' in English.

Doutor (Dr.) is more a mark of prestige and high social level than an indication of professional background. Thus, people in high positions are usually called *doutor* without necessarily having a university degree.

Personal contact or influence is often used in order to solve a problem or achieve a goal. Working through acquaintanceship rather than through impersonal channels is a common practice in Brazil as in any other Latin American country.

PRONUNCIATION PRACTICE

(1) /e/ vs. /ɛ/

In the base of some verbs the sounds /e/ and /ɛ/ occur alternate in the stressed position. Repeat the following forms after the instructor or the tape, imitating the model as closely as possible.

/e/		/ɛ/	
/dévu/	devo	/dévi/	deve
		/dévēĩ/	devem
/bébu/	bebo	/bébi/	bebe
		/bébēĩ/	bebem
/parésu/	pareço	/parési/	parece
		/parésēĩ/	parecem
/kõñésu/	conheço	/kõñési/	conhece
		/kõñésēĩ/	conhecem
/iskrévu/	escrevo	/iskrévi/	escreve
		/iskrévēĩ/	escrevem
/iskésu/	esqueço	/iskési/	esquece
		/iskésēĩ/	esquecem

(2) /o/ vs. /ɔ/

In the base of some verbs the sounds /o/ and /ɔ/ alternate in the stressed position. Repeat the following forms after the instructor or the tape, imitating the model as closely as possible.

/o/		/ɔ/	
/r̃ezólvu/	resolvo	/r̃ezólvi/	resolve
		/r̃ezólvē ĩ/	resolvem
/iskólu/	escolho	/iskóli/	escolhe
		/iskóĺē ĩ/	escolhem
/mór̃u/	morro	/mór̃i/	morre
		/mór̃ē ĩ/	morrem
/kór̃u/	corro	/kór̃i/	corre
		/kór̃ē ĩ/	correm
/sófru/	sofro	/sófri/	sofre
		/sófrē ĩ/	sofrem

(3) Review of the intonation patterns

Repeat the following sentences after the instructor or the tape imitating the model as closely as possible.

Word question

/kē ĩ istaatrazádu/

Quem está atrasado?

/kuādwelis s̃egãũ/

Quando eles chegam?

/õdi elamɔra/

Onde ela mora?

/kualɛ useulí vru/

Qual é o seu livro?

Intonation question

/upaulu istaatrazadu/

O Paulo está atrasado?

/elis s̃egãũ oʒi/

Eles chegam hoje?

/ɛlamɔra nur̃iu/

Ela mora no Rio?

/useulívrue esti/

O seu livro é este?

STRUCTURE AND DRILLS

(1) Present tense of verb bases with a vowel change

Ele deve estar atrasado.
Às duas em ponto eu devo estar no Ministério.
Ele conhece o meu sogro.
Parece que ele resolve a minha situação.

Verb bases with a change of vowel						
	/e/			ele	/ɛ/	
eu	dev- pareç- beb- conheç- escrev- esqueç- receb-	-o	'forget' 'receive'		dev- parec- beb- conhec- escrev- esquec- receb-	-e
nós	dev- parec- beb- conhec escrev- esquec- receb-	-emos		eles	dev- parec- beb- conhec- escrev- esquec- receb-	-em
	/o/			ele	/ɔ/	
eu	resolv- escolh- morr- corr- sofr-	-o	'choose' 'die' 'run'		resolv- escolh- morr- corr- sofr-	-e
nós	resolv- escolh- morr- corr- sofr-	-emos	'suffer'	eles	resolv- escolh- morr- corr- sofr-	-em

Some verb bases containing stressed /ɛ/ and /ɔ/, e.g. *dever, resolver*, etc., show alternate bases in stressed /e/ and /o/ in the first person singular. In the first person plural the verb base vowels /e/ and /o/ are unstressed.

Change each sentence with *eu* to a sentence with *ele* and then to a sentence with *eles*.

Eu devo estar no Ministério.	Ele deve estar no Ministério.
	Eles devem estar no Ministério.
Eu pareço cansado.	Ele parece cansado.
	Eles parecem cansados.
Eu não bebo nada.	Ele não bebe nada.
	Eles não bebem nada.
Eu conheço o funcionário.	Ele conhece o funcionário.
	Eles conhecem o funcionário.
Eu esqueço o relógio.	Ele esquece o relógio.
	Eles esquecem o relógio.
Eu escrevo a lição.	Ele escreve a lição.
	Eles escrevem a lição.
Eu recebo os amigos.	Ele recebe os amigos.
	Eles recebem os amigos.
Eu resolvo a situação.	Ele resolve a situação.
	Eles resolvem a situação.
Eu escolho um bonito quadro.	Ele escolhe um bonito quadro.
	Eles escolhem um bonito quadro.
Eu morro de frio.	Ele morre de frio.
	Eles morrem de frio.
Eu corro para a escola.	Ele corre para a escola.
	Eles correm para a escola.
Eu sofro com esta situação.	Ele sofre com esta situação.
	Eles sofrem com esta situação.

Answer the following questions in the affirmative.

Você deve estar no Ministério?	Devo, sim senhor.
Você não bebe nada?	Bebo, sim senhor.
Você conhece o funcionário?	Conheço, sim senhor.
Você esquece o relógio?	Esqueço, sim senhor.
Você resolve a situação?	Resolvo, sim senhor.

Você escolhe os amigos?	Escolho, sim senhor.
Você corre para a escola?	Corro, sim senhor.
Você escreve muito?	Escrevo, sim senhor.
Você recebe muitos livros?	Recebo, sim senhor.
Você sofre com a situação?	Sofro, sim senhor.

(2) **Expressions of time**

No meu relógio é uma e quinze.
Quantas horas são no seu?
Faltam cinco para a uma.
Às duas em ponto eu devo estar no Ministério.

Verb	Fraction before the hour		Hour	Fraction after the hour	Period of the day
É São			uma (hora) duas (horas) duas em ponto três nove onze	 e meia e dez e um quarto	da manhã da tarde da noite
Falta Faltam	um quarto cinco vinte	para o,a,as	meio dia 'noon' meia noite 'midnight' quatro		

The verb is singular when it precedes *um, uma, meio, meia*; otherwise it is plural. In expressions of time the definite article only occurs after prepositions. *Da manhã, da tarde, da noite* occur only when the part of the day is not obvious.

The expressions *treze horas, quatorze horas*, etc. are used in time tables, formal written invitations, announcements etc., but rarely in everyday speech.

Examples:
Quantas horas são?

É uma hora da manhã.
São onze da noite.
É meia noite.

Faltam dez para as três.
Falta um quarto para as cinco.

São dez e meia.
É uma e um quarto.

Que hora você deve estar no Ministério?
Que hora você sai de casa?

O engenheiro chega às oito horas da manhã 'The engineer arrives at eight a.m.'
Nós começamos o trabalho às oito e meia.
O advogado está no escritório à uma hora 'The lawyer is in his office at one
o'clock'.
O trem chega às dez para as quatro.
Ele vai sair com a namorada às sete horas 'He is going out with his girlfriend at
seven o'clock'.

Answer the question *Quantas horas são?* according to the time indicated on
the chalkboard or on a clock.

	Quantas horas são?
1:00	É uma hora.
2:00	São duas horas.
5:00	São cinco horas.
12:00 noon	É meio dia.
12:00 midnight	É meia noite.
9 a.m.	São nove da manhã.
4 p.m.	São quatro da tarde.
	Quantas horas são?
1:15	É uma e quinze.
8:30	São oito e meia.
4:20	São quatro e vinte.
7:25	São sete e vinte e cinco.
12:30 p.m.	É meio dia e meio.
12:20 a.m.	É meia noite e vinte.
11:15	São onze e um quarto.
	Quantas horas são?
12:55	Faltam cinco para a uma.
1:50	Faltam dez para as duas.
3:40	Faltam vinte para as quatro.

11:45 a.m.	Faltam quinze para o meio dia.
5:35	Faltam vinte e cinco para as seis.
7:45	Falta um quarto para as oito.
10:40	Faltam vinte para as onze.

Substitute the cued words in the model sentence.

	No meu relógio é uma e um quarto.
oito e meia	No meu relógio são oito e meia.
cinco para a uma	No meu relógio faltam cinco para a uma.
meio dia	No meu relógio é meio dia.
um quarto para as três	No meu relógio falta um quarto para as três.
vinte para as quatro	No meu relógio faltam vinte para as quatro.
nove e um quarto	No meu relógio são nove e um quarto.
onze em ponto	No meu relógio são onze em ponto.
três horas	No meu relógio são três horas.

	Às duas em ponto eu devo estar no Ministério.
meio dia em ponto	Ao meio dia em ponto eu devo estar no Ministério.
quatro e meia	Às quatro e meia eu devo estar no Ministério.
seis e vinte	Às seis e vinte eu devo estar no Ministério.
uma em ponto	À uma em ponto eu devo estar no Ministério.
meia noite	À meia noite eu devo estar no Ministério.
um quarto para as duas	A um quarto para as duas eu devo estar no Ministério.
oito e meia da noite	Às oito e meia da noite eu devo estar no Ministério.
sete da manhã	Às sete da manhã eu devo estar no Ministério.

Ask the suggested question; then answer the question by employing the cued expression of time.

Pergunte ao colega que hora o Paulo deve estar no Ministério.	Que hora o Paulo deve estar no Ministério?
duas em ponto	Ele deve estar no Ministério às duas em ponto.
Pergunte ao colega que hora o irmão dele vai para a escola.	Que hora o seu irmão vai para a escola?
nove horas	O meu irmão vai para a escola às nove horas.

Pergunte ao colega que hora vocês vão para o escritório.	Que hora nós vamos para o escritório?
dez e meia	Nós vamos para o escritório às dez e meia.
Pergunte ao colega que hora a família dele chega.	Que hora a sua família chega?
três e um quarto	A minha família chega às três e um quarto.
Pergunte ao colega que hora ele está em casa.	Que hora você está em casa?
um quarto para as sete	Eu estou em casa a um quarto para as sete.
Pergunte ao colega que hora ele vai para casa.	Que hora você vai para casa?
meio dia	Eu vou para casa ao meio dia.
Pergunte ao colega que hora nós começamos a aula.	Que hora nós começamos a aula?
oito e meia	Nós começamos a aula às oito e meia.
Pergunte ao colega que hora ele vai sair com a namorada.	Que hora você vai sair com a namorada?
vinte para as cinco	Eu vou sair com a namorada às vinte para as cinco.

(3) Use of the indefinite article

Ele também é funcionário?
Ele é um alto funcionário.
Eu sou professor?
Não senhor, eu sou aluno.

Identification of class	Limitation
Ele é funcionário.	Ele é um alto funcionário.
Eu sou aluno.	Eu sou um bom aluno.
Portinari é pintor.	Portinari é um grande pintor.
Ela é professora.	Ela é uma boa professora.

The indefinite article is used if the predicate is modified by an adjective or limited in some other way. The article may be used when the noun stands out in contrast or for emphasis, e.g. *Ela é uma simples empregada mas você é uma professora.*

Substitute the cued words in the model sentence.

	Ele também é funcionário.?
pintor	Ele também é pintor?
advogado	Ele também é advogado?
aluno	Ele também é aluno?
professora	Ela também é professora?
brasileiro	Ele também é brasileiro?
empregado	Ele também é empregado?
aluna	Ela também é aluna?
engenheiro	Ele também é engenheiro?

	Ele é um alto funcionário.
bom	Ele é um bom funcionário.
mau	Ele é um mau funcionário.
pequeno	Ele é um pequeno funcionário.
velho	Ele é um velho funcionário.
excelente	Ele é um excelente funcionário.
grande	Ele é um grande funcionário.
simples	Ele é um simples funcionário.
pobre	Ele é um pobre funcionário.

In the model sentence substitute the cued word with or without the indefinite article as each instance requires.

	Ele é pintor.
advogado famoso	Ele é um advogado famoso.
alto funcionário	Ele é um alto funcionário.
professor	Ele é professor.
grande pintor	Ele é um grande pintor.
aluno inteligente	Ele é um aluno inteligente.
bom empregado	Ele é um bom empregado.
funcionário	Ele é funcionário.
engenheiro	Ele é engenheiro.

(4) Position of modifiers

Ele é um alto funcionário.
Mas nós temos excelentes hotéis, lindíssimos bairros residenciais, famosos museus . . .
Vocês fazem festa caipira?
Dizem que é uma noite animada.
Você é o convidado principal, hein?
O senhor tem repolho fresco?
Quem é a moça loura que está com o Pedro?
Uma colega francesa.
Nós estamos estudando Direito no Universidade Católica.

Modifiers can occur before or after the noun they modify as follows:

Noun + modifier	Modifier + noun
(1)	
hospitais excelentes	excelentes hospitais
'excellent hospitals'	'excellent hospitals'
igrejas lindíssimas	lindíssimas igrejas
'beautiful churches'	'beautiful churches'
restaurantes famosos	famosos restaurantes
'famous restaurants'	'famous restaurants'
rua principal	principal rua
'main street'	'main street'
(2)	
funcionário alto	alto funcionário
'tall official'	'high-ranking official'
homem grande	grande homem
'big man'	'great man'
empregada simples	simples empregada
'modest maid'	'just a maid'
amigo velho	velho amigo
'aged friend'	'friend of long time'
(3)	
noite animada	
moça loura	
festa caipira	
repolho fresco	
colega francesa	
universidade católica	

Some modifiers occur before or after the noun with which they stand in construction without change of meaning (1); a small number change their meaning with a change of position (2); others generally occur after the noun with which they stand in construction (3).

Substitute the cued words in the model sentence.

	Ele é um alto funcionário.
	Ele é um pequeno funcionário.
pequeno	Ele é um pequeno empregado.
empregado	Ele é um pobre empregado.
pobre	Ele é um pobre rapaz.
rapaz	Ele é um excelente rapaz.
excelente	Ele é um excelente amigo.
amigo	Ele é um grande amigo.
grande	Ele é um velho amigo.
velho	

	Quem é a moça loura?
alta	Quem é a moça alta?
senhora	Quem é a senhora alta?
homem	Quem é o homem alto?
animado	Quem é o homem animado?
rapaz	Quem é o rapaz animado?
baixo	Quem é o rapaz baixo?
simpático	Quem é o rapaz simpático?
amigo	Quem é o amigo simpático?

Combine both of the cued sentences into a single sentence by making one of them a modifier.

Ele é meu amigo.
Ele é velho.

Ele é um amigo velho.

Ele é meu amigo.
Eu o conheço há muito tempo.

Ele é um velho amigo.

Ela é empregada.
Ela é simples.

Ela é uma empregada simples.

Ela é empregada.
Ela é só uma empregada.

Ela é uma simples empregada.

Ele é funcionário.   Ele é um funcionário alto.
Ele é alto.

Ele é funcionário.   Ele é um alto funcionário.
Ele é importante.

Ele é pintor.   Ele é um pintor grande.
Ele é grande.

Ele é pintor.   Ele é um grande pintor.
Seus quadros são famosos.

17
História do Brasil

Paulo e Fred

P: Vocês ontem estudaram até tarde?
F: Estudamos sim; mas eu não fiquei sabendo nada. Quando Portugal ocupou o Brasil?
P: Em mil e quinhentos. Nesse ano Cabral chegou ao Brasil.
F: O comandante da esquadra portuguesa?
P: Isto mesmo. E em mil oitocentos e vinte e dois o país ficou independente.
F: Em que parte do Brasil os portugueses entraram?
P: Na Bahia, o estado mais antigo do Brasil.

Brazilian History

P: Did you study until late yesterday?
F: Yes, we studied, but I didn't learn anything. When did Portugal lay claim to Brazil?
P: In 1500. Cabral arrived here that year.
F: The commander of the Portuguese fleet?
P: That's right. In 1822 the country became independent.
F: Where did the Portuguese land in Brazil?
P: In Bahia, the oldest state in Brazil.

NOTES

In 1500 a great Portuguese fleet, commanded by Pedro Álvares Cabral, left Portugal for India. For reasons discussed and debated among historians, the fleet came west instead of going to the Orient and landed on unknown soil. Cabral called the new land *Ilha de Vera Cruz* 'Island of the True Cross' because he believed it was an island. Later it was called *Terra de Santa Cruz* 'Land of the Holy Cross' and finally Brazil. This name derives from a red wood the color of *brasa* 'embers' which existed in great quantity in the country at that time and was the main source of trade for the Europeans.

São Salvador in Bahia was the first capital of the country.

PRONUNCIATION PRACTICE

(1) Nonstressed vowels in nonfinal position

Repeat after the instructor or the tape, imitating the model as closely as possible.

Before stress and after stress in nonfinal position the following five vowels occur: /i/, /e/, /a/, /o/, /u/. In some dialects, however, /ɛ/ and /ɔ/ occur instead of /e/ and /o/.

/i/ before stress		nonfinal /i/ after stress	
/iřmáũ/	irmão	/sĩpátiku/	simpático
/iskuádra/	esquadra	/últimu/	último
/vizítu/	visito	/médiku/	médico
/istúdu/	estudo	/pážina/	página
/istář/	estar	/idétiku/	idêntico
/fikéi/	fiquei	/řápidu/	rápido
/pikénas/	pequenas	/ẽfátiku/	enfático

/e/ before stress		nonfinal /e/ after stress	
/semána/	semana	/sẽtímetru/	centímetro
/bebéu/	bebeu	/šávẽna/	chávena
/peřdéráũ/	perderam	/žéneru/	gênero
/šegó/	chegou	/ipótezi/	hipótese
/řelóžiu/	relógio	/óspedi/	hóspede
/setébru/	setembro	/pésegu/	pêssego
/řepółu/	repolho		

/a/ before stress		nonfinal /a/ after stress	
/trabáłu/	trabalho	/árabi/	árabe
/razáũ/	razão	/šákara/	chácara
/paséiu/	passeio	/éfazi/	ênfase
/parétis/	parentes	/sábadu/	sábado
/pasáda/	passada	/sílaba/	sílaba
/kabésa/	cabeça	/pásaru/	pássaro

| /pratíku/ | pratico |
| /falámus/ | falamos |

/o/ before stress		nonfinal /o/ after stress	
/trokáf̂/	trocar	/resíproku/	recíproco
/vosé/	você	/katálogu/	catálogo
/otéis/	hotéis	/omófonu/	homófono
/koráf̂/	corar	/análogu/	análogo
/progrésu/	progresso		
/protokólu/	protocolo		
/moráf̂/	morar		

/u/ before stress		nonfinal /u/ after stress	
/kuzíña/	cozinha	/ispetákulu/	espetáculo
/lugáf̂/	lugar	/vestíbulu/	vestíbulo
/unídus/	unidos	/vokábulu/	vocábulo
/bunítu/	bonito	/víkulu/	vínculo
/subríñus/	sobrinhos	/títulu/	título
/mubília/	mobília	/sírkulu/	círculo
/kuf̂tínas/	cortinas		

(2) **Nonstressed vowels in final position**

Repeat after the instructor or the tape, imitating the model as closely as possible.

After stress in final position only the following three vowels occur: /i/, /a/, /u/. In some dialects, however, /e/ and /o/ occur instead of /i/ and /u/.

/i/		/a/		/u/	
/nádi/	nade	/náda/	nada	/nádu/	nado
/páf̂ti/	parte	/páf̂ta/	parta	/páf̂tu/	parto
/fíki/	fique	/fíka/	fica	/fíku/	fico
/sigúri/	segure	/sigúra/	segura	/sigúru/	seguro
/okúpi/	ocupe	/okúpa/	ocupa	/okúpu/	ocupo
/ŝégi/	chegue	/ŝéga/	chega	/ŝégu/	chego
/ŝámi/	chame	/ŝáma/	chama	/ŝámu/	chamo
/étri/	entre	/étra/	entra	/étru/	entro

STRUCTURE AND DRILLS

(1) Preterite of -ar verbs

Eu não fiquei sabendo nada.
Quando Portugal ocupou o Brasil?
Cabral chegou ao Brasil.
Estudamos sim.
Vocês estudaram ontem até tarde?
Em que parte do Brasil os portugueses entraram?

fal-ar	
fal-ei	fal-amos
fal-ou	fal-aram

The preterite of -ar verbs shows the above endings.

Substitute the cued words in the model sentence.

	Eu não fiquei sabendo nada.
estudar	Eu não estudei nada.
falar	Eu não falei nada.
encontrar	Eu não encontrei nada.
comprar	Eu não comprei nada.
informar	Eu não informei nada.
começar	Eu não comecei nada.
gostar de	Eu não gostei de nada.
olhar para	Eu não olhei para nada.

	Ele chegou ao Brasil.
morar no	Ele morou no Brasil.
gostar do	Ele gostou do Brasil.
começar no	Ele começou no Brasil.
pensar no	Ele pensou no Brasil.
ficar no	Ele ficou no Brasil.
estudar no	Ele estudou no Brasil.
falar sobre o	Ele falou sobre o Brasil.
viajar pelo	Ele viajou pelo Brasil.

	Nós estudamos ontem.
cantar	Nós cantamos ontem.
praticar	Nós praticamos ontem.
falar	Nós falamos ontem.
começar	Nós começamos ontem.
comprar	Nós compramos ontem.
almoçar	Nós almoçamos ontem.
chegar	Nós chegamos ontem.
dançar	Nós dançamos ontem.

	Onde os portugueses entraram?
ficar	Onde os portugueses ficaram?
chegar	Onde os portugueses chegaram?
morar	Onde os portugueses moraram?
cantar	Onde os portugueses cantaram?
começar	Onde os portugueses começaram?
praticar	Onde os portugueses praticaram?
falar	Onde os portugueses falaram?
almoçar	Onde os portugueses almoçaram?

	Vocês estudaram ontem.
nós	Nós estudamos ontem.
os alunos portugueses	Os alunos portugueses estudaram ontem.
eu	Eu estudei ontem.
a aluna	A aluna estudou ontem.
o Pedro	O Pedro estudou ontem.
as senhoras	As senhoras estudaram ontem.
eu e você	Eu e você estudamos ontem.
o senhor	O senhor estudou ontem.

Change the following sentences to the preterite with *ontem*.

| Vocês estudam todos os dias. | Vocês estudaram ontem. |
| Nós estudamos todos os dias. | Nós estudamos ontem. |

| Eles chegam tarde todos os dias. | Eles chegaram tarde ontem. |
| Eu chego tarde todos os dias. | Eu cheguei tarde ontem. |

| Eu pratico francês todos os dias. | Eu pratiquei francês ontem. |
| A Helena pratica francês todos os dias. | A Helena praticou francês ontem. |

O advogado ocupa a sala todos os dias.	O advogado ocupou a sala ontem.	
Você ocupa a sala todos os dias.	Você ocupou a sala ontem.	

O comandante trabalha todos os dias.   O comandante trabalhou ontem.
Os engenheiros trabalham todos os dias.   Os engenheiros trabalharam ontem.

Eu penso em você todos os dias.   Eu pensei em você ontem.
O Paulo pensa em você todos os dias.   O Paulo pensou em você ontem.

Eu fico aqui todos os dias.   Eu fiquei aqui ontem.
Nós ficamos aqui todos os dias.   Nós ficamos aqui ontem.

Ela compra frutas na feira todos os dias.   Ela comprou frutas na feira ontem.
As senhoras compram frutas na feira todos os dias.   As senhoras compraram frutas na feira ontem.

(2) Cardinal numbers above *cem* '100'

Em mil e quinhentos ele chegou ao Brasil.
Em mil oitocentos e vinte e dois o Brasil ficou independente.

100	cem, cento		um, uma
200	duzentos		dois, duas
300	trezentos		vinte e um, uma
400	quatrocentos	e	trinta e quatro
500	quinhentos		quarenta e seis
600	seiscentos		oitenta e três
700	setecentos		noventa
800	oitocentos		noventa e sete
900	novecentos		
1.000	mil		vinte e um
2.000	dois mil		trinta e quatro, etc.
21.000	vinte e um mil		cem
54.000	cinqüenta e quatro mil	e	duzentos
100.000	cem mil		trezentos, etc.
700.000	setecentos mil		
1.000.000	um milhão		trezentos e vinte
2.000.000	dois milhões		quatrocentos e trinta, etc.

Cem occurs when another number does not follow; *cento* when another number folows.

Mil does not show contrasting singular and plural forms.

Numbers are connected to each other by *e*; *e*, however, does not occur between *mil, milhão, milhões,* etc. and forms representing hundreds followed by groups of tens.

Notice that Portuguese uses a period to separate the parts of large numbers which in English are separated by a comma.

Substitute the cued numbers in the model sentence.

	Cento e cinqüenta homens chegaram ao Brasil.
200	Duzentos homens chegaram ao Brasil.
345	Trezentos e quarenta e cinco homens chegaram ao Brasil.
400	Quatrocentos homens chegaram ao Brasil.
521	Quinhentos e vinte e um homens chegaram ao Brasil.
730	Setecentos e trinta homens chegaram ao Brasil.
910	Novecentos e dez homens chegaram ao Brasil.
1200	Mil e duzentos homens chegaram ao Brasil.
2020	Dois mil e vinte homens chegaram ao Brasil.
1630	Mil seiscentos e trinta homens chegaram ao Brasil.
3842	Três mil oitocentos e quarenta e dois homens chegaram ao Brasil.

	Em mil oitocentos e vinte e dois o país ficou independente.
1776	Em mil setecentos e setenta e seis o país ficou independente.
1810	Em mil oitocentos e dez o país ficou independente.
1770	Em mil setecentos e setenta o país ficou independente.
1917	Em mil novecentos e dezessete o país ficou independente.
1954	Em mil novecentos e cinqüenta e quatro o país ficou independente.
1825	Em mil oitocentos e vinte e cinco o país ficou independente.
1920	Em mil novecentos e vinte o país ficou independente.
1800	Em mil e oitocentos o país ficou independente.

Say in Portuguese the numbers cued in English or written on the chalkboard.

120	cento e vinte
356	trezentos e cinqüenta e seis
502	quinhentos e dois
910	novecentos e dez
1009	mil e nove
1200	mil e duzentos
1647	mil seiscentos e quarenta e sete
2431	dois mil quatrocentos e trinta e um

Answer the following questions by using the numbers cued in English or written on the blackboard.

Quando Portugal ocupou o Brasil? 1500	Portugal ocupou o Brasil em mil e quinhentos.
Quando a sua família chegou? 1930	A minha família chegou em mil novecentos e trinta.
Quando o Brasil ficou independente? 1822	O Brasil ficou independente em mil oitocentos e vinte e dois.
Quando os Estados Unidos ficaram independentes? 1776	Os Estados Unidos ficaram independentes em mil setecentos e setenta e seis.
Quando Cabral chegou ao Brasil? 1500	Cabral chegou ao Brasil em mil e quinhentos.
Quando eles começaram a estudar português? 1963	Eles começaram a estudar português em mil novecentos e sessenta e três.
Quando o Paulo estudou História do Brasil? 1958	O Paulo estudou História do Brasil em mil novecentos e cinqüenta e oito.
Quando vocês entraram para esta escola? 1965	Nós entramos para esta escola em mil novecentos e sessenta e cinco.

(3) Different meanings of *ficar*

(1) Permanent location (followed by adverbial phrase) A casa deles fica perto da biblioteca 'Their house is next door to the library'. Lisboa fica em Portugal 'Lisbon is in Portugal'.
(2) Temporary location Elas ficaram no clube com o Pedro 'They stayed at the club with Pedro'. Eu ontem fiquei em casa.
(3) 'become, make, look' (followed by an adjective) O Brasil ficou independente em 1822. Eu fiquei alegre com o presente 'I was made happy by the present'. Ela fica bonita de azul 'She looks pretty in blue'.
(4) 'postpone' (followed by *para*) A festa ficou para amanhã. Isto fica para outro dia.
(5) 'keep, take' (followed by *com*) Eu fico com este livro 'I take this book'. Ele ficou com o meu dinheiro 'He kept my money'.

> (6) 'get to, keep on, continue' (followed by pres. part.)
> Eu não fiquei sabendo nada.
> Ela ficou estudando.
> Eles ficaram morando no Rio.

Substitute the cued words in the model sentence.

	Eles ficaram no clube.
em casa	Eles ficaram em casa.
alegres	Eles ficaram alegres.
independentes	Eles ficaram independentes.
com o livro	Eles ficaram com o livro.
sabendo a história	Eles ficaram sabendo a história.
morando no Rio	Eles ficaram morando no Rio.
no Brasil	Eles ficaram no Brasil.
para outro dia	Eles ficaram para outro dia.
com o presente	Eles ficaram com o presente.

	A casa fica em Ipanema.
no Rio	A casa fica no Rio.
velha	A casa fica velha.
para amanhã	A casa fica para amanhã.
com estes quadros	A casa fica com estes quadros.
animada	A casa fica animada.
aberta	A casa fica aberta.
perto da igreja	A casa fica perto da igreja.
bonita	A casa fica bonita.

(4) The definite article with names and titles

Nesse ano Cabral chegou ao Brasil.
O Paulo está em casa?
Só pode ser Portinari.

(1)	(2)
O Paulo estudou ontem.	Cabral chegou ao Brasil.
Ela dançou com o Pedro.	Só pode ser Portinari.
Eu falei com o Dr. Ferreira.	Você gosta de Villa-Lobos.
A dona Dulce é professora.	Este é Dom Pedro II.
O Seu Raul tem verduras frescas.	(3)
O Sr. Luís é professor.	Bom dia, Dona Dulce. Como vai você, Paulo?

The definite article occurs before names, whether preceded by a title or not (1). The definite article does not occur before the names of famous people, historical personalities, etc. (2); nor does it occur before the name or title of a person being addressed (3).

Form sentences from the cued words.

estudou ontem / Paulo	O Paulo estudou ontem.
dançou com a moça loura / Pedro	O Pedro dançou com a moça loura.
tem verduras frescas / Seu Raul	O Seu Raul tem verduras frescas.
é professora / Dona Dulce	A Dona Dulce é professora.
é americana / Susana	A Susana é americana.
é professor / Sr. Luís	O Sr. Luís é professor.
só pode ser / Pedro	Só pode ser o Pedro.
eu falei com / Dr. Ferreira	Eu falei com o Dr. Ferreira.
chegou do Brasil / Helena	A Helena chegou do Brasil.
chegou ao Brasil /Cabral	Cabral chegou ao Brasil.
você gosta de / Villa-Lobos	Você gosta de Villa-Lobos.
Só pode ser / Portinari	Só pode ser Portinari.
bom dia / Dona Dulce	Bom dia, Dona Dulce.
desculpe / Dr. Alceu	Desculpe, Dr. Alceu.
Como vai você / Paulo	Como vai você, Paulo?
esse é / Dom Pedro II	Esse é Dom Pedro II.
você gostou de / Portinari	Você gostou de Portinari,
é brasileiro / Villa-Lobos	Villa-Lobos é brasileiro.

Answer the following questions by using the cued name.

Quem chegou ao Brasil? Cabral	Cabral chegou ao Brasil.
Quem estudou ontem? Paulo	O Paulo estudou ontem.
Quem põe tudo no carro? Seu Raul	O Seu Raul põe tudo no carro.
Quem não encontrou a pasta? Betinho	O Betinho não encontrou a pasta.
Quem morou em São Paulo? Portinari	Portinari morou em São Paulo.
Quem trabalha no Ministério? Dr. Ferreira	O Dr. Ferreira trabalha no Ministério.
Quem ficou no Brasil? Dom Pedro II	Dom Pedro II ficou no Brasil.
Quem viajou pelos Estados Unidos? Villa-Lobos	Villa-Lobos viajou pelos Estados Unidos.

(5) The definite article with geographical expressions

Quando Portugal ocupou o Brasil?
Na Bahia, o estado mais antigo do Brasil.
Quando a sua família chega de Belo Horizonte?
Em São Paulo há mais progresso.

Países	Ele chegou ao Brasil. Eu sou dos Estados Unidos. Ela é da França.	Ele chegou a Portugal. Ela é de Cuba.
Estados	Na Bahia No Rio Grande do Sul. No Amazonas. No Paraná.	Em Minas Gerais. Em Goiás. Em Pernambuco. Em Sergipe.
Cidades	O Rio é mais bonito. Eu gosto de/do Recife.	Ela é de Belo Horizonte. Em São Paulo há mais progresso. Ele mora em Brasília.

The names of countries, with a few exceptions, e.g. *Cuba* and *Portugal*, are preceded by the definite article.

The names of some states are preceded by the definite article; others are not. The usage for the name of a particular state must simply be memorized.

The names of cities generally occur without the definite article. Rio, however, is usually preceded by the definite article; before *Recife* the article is optional.

Substitute the cued word in the model sentence.

	Ele chegou ao Brasil.
Estados Unidos	Ele chegou aos Estados Unidos.
Minas Gerais	Ele chegou a Minas Gerais.
Rio Grande do Sul	Ele chegou ao Rio Grande do Sul.
Pernambuco	Ele chegou a Pernambuco.
Amazonas	Ele chegou ao Amazonas.
Portugal	Ele chegou a Portugal.
França	Ele chegou à França.
Bahia	Ele chegou à Bahia.

	Eles entraram na Bahia.
Belo Horizonte	Eles entraram em Belo Horizonte.
Portugal	Eles entraram em Portugal.
Rio	Eles entraram no Rio.
Brasília	Eles entraram em Brasília.
França	Eles entraram na França.
Pernambuco	Eles entraram em Pernambuco.
Estados Unidos	Eles entraram nos Estados Unidos.
Canadá	Eles entraram no Canadá.

18

O aniversário do Betinho

Ana Maria e Maria Teresa

M: A semana passada eu conheci todos os cunhados e sobrinhos da Dona Amélia.
T: No aniversário do Betinho?
M: É. Todos os parentes se reuniram lá. Até o avô bebeu e riu o tempo todo.
T: Imagine que nós esquecemos de ir.
M: Nós sentimos falta de vocês. Perderam um bom jantar.
T: Eu senti tanto. A Dona Amélia dá ótimas festas em casa.
M: Se dá! No aniversário dos filhos ela quase perde a cabeça.

Betinho's birthday

M: Last week I met all of Dona Amélia's in-laws, nieces, and nephews.
T: At Betinho's birthday party?
M: Yes. All the relatives came. Even the grandfather drank and laughed the whole time.
T: Imagine! We forgot to go.
M: We missed you, and you missed a good dinner.
T: I'm really sorry. Dona Amélia always gives wonderful parties.
M: I'll say! When her children have birthdays, she goes all out.

NOTES

A birthday, especially a child's birthday, is an important event for the family. Usually all the relatives and friends come and bring gifts. Either dinner is served or an elaborate array of *salgadinhos* 'Hors d'oeuvres', cookies, candies, soft drinks, etc. are prepared.

193

PRONUNCIATION PRACTICE

(1) Vowel change with change of stress

Repeat after the instructor or the tape, imitating the model as closely as possible.
Notice that /ɛ/ and /ɔ/ occur in stressed position; /e/ and /o/ in unstressed position.

/ɛ/		/e/	
/lévu/	levo	/leváf̂/	levar
/léva/	leva	/levã́mus/	levamos
/lévãũ/	levam	/levéi/	levei
/féŝu/	fecho	/feŝáf̂/	fechar
/féŝa/	fecha	/feŝã́mus/	fechamos
/féŝãũ/	fecham	/feŝéi/	fechei
/kéru/	quero	/keréf̂/	querer
/kéf̂/	quer	/kerẽ́mus/	queremos
/kérẽĩ/	querem		
/ĩvéẑu/	invejo	/ĩveẑáf̂/	invejar
/ĩvéẑa/	inveja	/ĩveẑã́mus/	invejamos
/ĩvéẑãũ/	invejam	/ĩveẑéi/	invejei
/ispéru/	espero	/isperáf̂/	esperar
/ispéra/	espera	/isperã́mus/	esperamos
/ispérãũ/	esperam	/isperéi/	esperei
/pégu/	pego	/pegáf̂/	pegar
/péga/	pega	/pegã́mus/	pegamos
/pégãũ/	pegam	/pegéi/	peguei
/ĩpréstu/	empresto	/ĩprestáf̂/	emprestar
/ĩprésta/	empresta	/ĩprestã́mus/	emprestamos
/ĩpréstãũ/	emprestam	/ĩprestéi/	emprestei
/kõvéf̂su/	converso	/kõvef̂sáf̂/	conversar
/kõvéf̂sa/	conversa	/kõvef̂sã́mus/	conversamos
/kõvéf̂sãũ/	conversam	/kõvef̂séi/	conversei

/amérika/	América	/amerikánu/	americano
/névi/	neve	/neváda/	nevada
/fébri/	febre	/febríl/	febril
/r̃étu/	reto	/r̃etidáũ/	retidão
/dés/	dez	/dezéna/	dezena
/ispéra/	espera	/isperása/	esperança
/ĩvér̃a/	inveja	/ĩver̃ózu/	invejoso
/lévi/	leve	/leviánu/	leviano

/ɔ/		/o/	
/kɔ́r̃tu/	corto	/kor̃tár̃/	cortar
/kɔ́r̃ta/	corta	/kor̃támus/	cortamos
/kɔ́r̃tãũ/	cortam	/kor̃téi/	cortei

/pɔ́su/	posso	/podér̃/	poder
/pɔ́di/	pode	/podémus/	podemos
/pɔ́dẽĩ/	podem		

/mɔ́ru/	moro	/morár̃/	morar
/mɔ́ra/	mora	/morámus/	moramos
/mɔ́rãũ/	moram	/mor̃éi/	morei

/almɔ́su/	almoço	/almosár̃/	almoçar
/almɔ́sa/	almoça	/almosámus/	almoçamos
/almɔ́sãũ/	almoçam	/almoséi/	almocei

/ɔ́łu/	olho	/ołár̃/	olhar
/ɔ́ła/	olha	/ołámus/	olhamos
/ɔ́łãũ/	olham	/ołéi/	olhei

/tɔ́ku/	toco	/tokár̃/	tocar
/tɔ́ka/	toca	/tokámus/	tocamos
/tɔ́kãũ/	tocam	/tokéi/	toquei

/r̃ɔ́gu/	rogo	/r̃ogár̃/	rogar
/r̃ɔ́ga/	roga	/r̃ogámus/	rogamos
/r̃ɔ́gãũ/	rogam	/r̃ogéi/	roguei

/r̃ɔ́ta/	rota	/r̃otéiru/	roteiro
/pɔ́r̃ta/	porta	/por̃téiru/	porteiro

/istória/	história	/istoriadóȓ/	historiador
/memória/	memória	/memorizáȓ/	memorizar
/kóȓda/	corda	/koȓdãũ̃/	cordão
/adóra/	adora	/adorasãũ̃/	adoração
/dózi/	dose	/dozáẑẽĩ/	dosagem

STRUCTURE AND DRILLS

(1) Preterite of -er verbs

Eu conheci todos os cunhados.
O avô bebeu o tempo todo.
Nós esquecemos de ir.
Perderam um bom jantar.

com-er	
com-i	com-emos
com-eu	com-eram

The preterite of -er verbs show the above endings.

Substitute the cued words in the model sentence and make the necessary changes.

	Eu conheci todos os primos.
o Betinho	O Betinho conheceu todos os primos.
nós	Nós conhecemos todos os primos.
os filhos da Dona Amélia	Os filhos da Dona Amélia conheceram todos os primos.
eu	Eu conheci todos os primos.
vocês	Vocês conheceram todos os primos.
a senhora	A senhora conheceu todos os primos.
a minha irmã	A minha irmã conheceu todos os primos.
eu e o Paulo	Eu e o Paulo conhecemos todos os primos.

	O avô bebeu o tempo todo.
eu	Eu bebi o tempo todo.
nós	Nós bebemos o tempo todo.
todos os parentes	Todos os parentes beberam o tempo todo.
o senhor	O senhor bebeu o tempo todo.

o Doutor Alceu	O Doutor Alceu bebeu o tempo todo.
os sobrinhos da Dona Amélia	Os sobrinhos da Dona Amélia beberam o tempo todo.
vocês	Vocês beberam o tempo todo.
os seus amigos	Os seus amigos beberam o tempo todo.

	Nós esquecemos de ir.
vocês	Vocês esqueceram de ir.
a Dona Amélia	A Dona Amélia esqueceu de ir.
o avô	O avô esqueceu de ir.
os advogados	Os advogados esqueceram de ir.
eu	Eu esqueci de ir.
todos	Todos esqueceram de ir.
os meus colegas	Os meus colegas esqueceram de ir.
eu e o meu irmão	Eu e o meu irmão esquecemos de ir.

	Vocês perderam um bom jantar.
a Maria Teresa	A Maria Teresa perdeu um bom jantar.
os alunos	Os alunos perderam um bom jantar.
eu	Eu perdi um bom jantar.
a sua namorada	A sua namorada perdeu um bom jantar.
nós	Nós perdemos um bom jantar.
você	Você perdeu um bom jantar.
os filhos dela	Os filhos dela perderam um bom jantar.
eu e você	Eu e você perdemos um bom jantar.

Change the following sentences to the preterite.

Eu conheço todos os cunhados.	Eu conheci todos os cunhados.
O avô bebe o tempo todo.	O avô bebeu o tempo todo.
Você come bem.	Você comeu bem.
Nós bebemos alguma coisa.	Nós bebemos alguma coisa.
Ele compreende o meu português.	Ele compreendeu o meu português.

Vocês perdem um bom jantar.	Vocês perderam um bom jantar.
Ela quase perde a cabeça.	Ela quase perdeu a cabeça.
Ele resolve a minha situação.	Ele resolveu a minha situação.
O Seu Raul vende todas as verduras.	O Seu Raul vendeu todas as verduras.
Eles esquecem o dinheiro.	Eles esqueceram o dinheiro.

(2) **Preterite of -*ir* verbs**

Eu senti tanto.
O avô riu o tempo todo.
Nós sentimos falta de vocês.
Todos os parentes se reuniram lá.

part-ir	
part-i	part-imos
part-iu	part-iram

The preterite of -*ir* verbs show the above endings.

Comparison of -*er* and -*ir* verbs

com-er	part-ir
-i	-i
-eu	-iu
-emos	-imos
-eram	-iram

The endings are the same; the only differences are in the stem vowels.

Substitute the cued words in the model sentence and make the necessary changes.

	Eu senti tanto.
a Dona Dulce	A Dona Dulce sentiu tanto.
todos os parentes	Todos os parentes sentiram tanto.
nós	Nós sentimos tanto.
a minha advogada	A minha advogada sentiu tanto.
o namorado da Helena	O namorado da Helena sentiu tanto.
você	Você sentiu tanto.
a filha da Dona Amélia	A filha da Dona Amélia sentiu tanto.
vocês	Vocês sentiram tanto.

	O avô riu o tempo todo.
nós	Nós rimos o tempo todo.
os seus sobrinhos	Os seus sobrinhos riram o tempo todo.
eu	Eu ri o tempo todo.
os meus avós	Os meus avós riram o tempo todo.

os alunos	Os alunos riram o tempo todo.
você	Você riu o tempo todo.
eu e a Helena	Eu e a Helena rimos o tempo todo.
a Dona Amélia	A Dona Amélia riu o tempo todo.

	Todos os parentes se reuniram lá.
toda a família	Toda a família se reuniu lá.
os filhos	Os filhos se reuniram lá.
os professores e os alunos	Os professores e os alunos se reuniram lá.
os engenheiros	Os engenheiros se reuniram lá.
os primos e os sobrinhos	Os primos e os sobrinhos se reuniram lá.
a esquadra portuguesa	A esquadra portuguesa se reuniu lá.
oitenta homens	Oitenta homens se reuniram lá.
a gente toda	A gente toda se reuniu lá.

Make the following double substitutions in the model sentence.

	Nós sentimos falta de vocês.
a Dona Amélia / do Betinho	A Dona Amélia sentiu falta do Betinho.
eu / dos amigos	Eu senti falta dos amigos.
vocês / da colega	Vocês sentiram falta da colega.
todos / do avô	Todos sentiram falta do avô.
ele / dos primos	Ele sentiu falta dos primos.
os rapazes / das namoradas	Os rapazes sentiram falta das namoradas.
a Helena / das festas	A Helena sentiu falta das festas.
vocês / de nós	Vocês sentiram falta de nós.
nós / dos cariocas	Nós sentimos falta dos cariocas.

Change the following sentences to the preterite.

Todos os parentes se reúnem lá.	Todos os parentes se reuniram lá.
Nós sentimos falta de vocês.	Nós sentimos falta de vocês.
Quando eles partem para o Brasil?	Quando eles partiram para o Brasil?
Você abre as malas no Rio.	Você abriu as malas no Rio.

Eles discutem o lugar da residência.	Eles discutiram o lugar da residência.
Eles riem o dia todo.	Eles riram o dia todo.
Eles saem de casa tarde.	Eles saíram de casa tarde.
Eu decido morar em Ipanema.	Eu decidi morar em Ipanema.

Practice the contrast of -er and -ir verbs by changing the following sentences to the preterite.

Eu conheço todos os cunhados.	Eu conheci todos os cunhados.
Você sente muito.	Você sentiu muito.
O avô ri o tempo todo.	O avô riu o tempo todo.
Vocês perdem um bom jantar.	Vocês perderam um bom jantar.
A família se reúne lá.	A família se reuniu lá.
Ele vende verduras na feira.	Ele vendeu verduras na feira.
Eu saio de casa tarde.	Eu saí de casa tarde.
Onde você decide morar?	Onde você decidiu morar?

Change the preterite forms in the preceding exercise to the present.

Practice the contrast of -ar, -er and -ir verbs by answering the following questions.

Quando ela partiu para o Brasil?	Ela partiu para o Brasil a semana passada.
Quando eles chegaram?	Eles chegaram a semana passada.
Quando vocês resolveram a situação?	Nós resolvemos a situação a semana passada.
Quando a família se reuniu?	A família se reuniu a semana passada.
Quando vocês estudaram?	Nós estudamos a semana passada.
Quando você comprou este relógio?	Eu comprei este relógio a semana passada.
Quando ele escreveu para a mãe dele?	Ele escreveu para a mãe dele a semana passada.
Quando você conheceu o Paulo?	Eu conheci o Paulo a semana passada.
Quando o Seu Raul vendeu tudo?	O Seu Raul vendeu tudo a semana passada.

(3) The definite article with expressions of location

Está na hora de ir para a escola.
Você vai ao Teatro Municipal.
Ela dá ótimas festas em casa.

Ela chega	da	casa da sogra 'mother-in-law's house'.
Ele sai	do	escritório.
Ela dá festas	na	escola.
O menino estuda	no	ginásio.
'The boy studies'		
Está na hora de ir	para a	cidade.
Ele vai	para o	Ministério.
Ela dá festas	em	casa.
Está na hora de ir	para	casa.
Ele chega	de	casa.

The definite article occurs in prepositional phrases with nouns expressing location. It does not occur with *casa* when referring to one's own house but does occur with *casa* when referring to the houses of others.

Form the cued words into sentences.

ela dá festas / escola	Ela dá festas na escola.
eu dou festas / casa	Eu dou festas em casa.
ele sai / casa	Ele sai de casa.
está na hora de ir para / cidade	Está na hora de ir para a cidade.
a Dona Amélia está / casa	A Dona Amélia está em casa.
o Doutor Alceu ficou / casa do Carlos	O Doutor Alceu ficou na casa do Carlos.
nós ficamos / casa	Nós ficamos em casa.
eles vão para / casa	Eles vão para casa.

(4) The definite article with expressions of time

A semana passada eu conheci todos os cunhados.
Os meus irmãos só chegam a semana que vem.
Como é lá o clima no outono?
Você viaja mesmo para São Paulo em março?

Ela conheceu a sogra a semana passada 'She met her mother-in-law last week'.	
Ela deve chegar o mês que vem.	Ela deve chegar em fevereiro.
Ele vai para o Brasil o ano que vem.	Ele vai para o Brasil em 1980.
No verão faz calor.	
O Brasil ficou independente no dia 7 de setembro.	O Brasil ficou independente dia 7 de setembro.
Eu gosto do domingo.	Eu gosto de domingo.

The definite article occurs before the expressions *semana, mês, ano,* and the names of the seasons. It does not occur before names of the months and years. It may or may not occur before the word *dia* and the names of the days of the week.

Substitute the cued words in the model sentence.

	A semana passada eu conheci os artistas.
outubro	Em outubro eu conheci os artistas.
mês passado	O mês passado eu conheci os artistas.
verão	No verão eu conheci os artistas.
fevereiro	Em fevereiro eu conheci os artistas.
primavera	Na primavera eu conheci os artistas.
ano passado	O ano passado eu conheci os artistas.
1963	Em 1963 eu conheci os artistas.
junho de 1965	Em junho de 1965 eu conheci os artistas.

	Ela deve chegar no dia 15.
outono	Ela deve chegar no outono.
semana que vem	Ela deve chegar a semana que vem.
maio	Ela deve chegar em maio.
1980	Ela deve chegar em 1980.
ano que vem	Ela deve chegar o ano que vem.
janeiro	Ela deve chegar em janeiro.
setembro de 1979	Ela deve chegar em setembro de 1979.
mês que vem	Ela deve chegar o mês que vem.

(5) The definite article as a possessive equivalent

Ela dá festas no aniversário dos filhos.
Ela quase perde a cabeça.
Ainda estão discutindo o lugar da residência?
Nós só abrimos as malas no Rio.

Ele está olhando para as minhas mãos.	Ele está olhando para as mãos (dele).
Eu estou no seu escritório.	Eu estou no escritório (meu).
Eu falei com o genro dela 'I talked to her son-in-law'.	Ela falou com o genro (dela).

The definite article often occurs instead of the possessive adjective when one speaks of parts of the body or things whose possession is obvious.

Answer the following questions by using the suggested words.

Para onde você está olhando? / mãos	Eu estou olhando para as mãos.
Com quem ele está falando? / genro	Ele está falando com o genro.
Onde você está agora? / escritório	Eu agora estou no escritório.
O que é que ele perdeu hoje? / relógio	Ele hoje perdeu o relógio.
Quem ele vai esperar? / sogra	Ele vai esperar a sogra.
O que é que a Dona Amélia quase perde? / cabeça	Ela quase perde a cabeça.
Com quem a Helena saiu? / namorado	Ela saiu com o namorado.
Quem vocês vão trazer? / amigos	Nós vamos trazer os amigos.

19

Apartamento em Copacabana

Dona Amélia e Margaret

A: Onde você esteve ontem de noite?

M: Eu estive procurando apartamento. Eu e o meu marido andamos pela cidade toda.

A: Tiveram sorte?

M: Tivemos, graças a Deus. Nós estivemos num bom apartamento nesta rua.

A: Mobiliado ou sem mobília?

M: Tem tapetes, cortinas, sofás, poltronas, cadeiras, camas . . . tudo.

A: Você teve informação sobre a água?

M: O porteiro disse que nunca faltou água.

Finding an apartment in Copacabana

A: Where were you last night?

M: I was looking for an apartment. My husband and I walked all over town.

A: Did you have any luck?

M: We did. We found a good apartment on this street.

A: Is it furnished or unfurnished?

M: It has carpets, curtains, sofas, arm-chairs, straight chairs, beds . . . everything.

A: Did you find out about the water?

M: The janitor said they're never out of water.

NOTES

Copacabana, situated on Guanabara Bay, is the center of high-life in Rio with its bars, restaurants, and nightclubs. It is famous for the beauty of its beaches and its modern apartment buildings.

205

Due to the rapid increase in population, some cities have had serious problems with water. Thus, in Rio, one of the first questions to be asked when renting an apartment concerned the water facilities. This situation has improved greatly.

PRONUNCIATION PRACTICE

(1) The nasal vowels /ĩ/, /ẽ/, /ã/, /õ/, /ũ/

Repeat after the instructor or the tape, imitating the model as closely as possible.

/ĩ/		/ũ/	
/ĩfoŕmasáu/	informação	/nṹ/	num
/sĩ/	sim	/alṹno/	aluno
/ĩglés	inglês	/ṹma/	uma
/sĩpátika/	simpática	/fṹdu/	fundo
/kuzĩ́ña/	cozinha	/sigṹda/	segunda
/pikadĩ́ño/	picadinho	/algṹma/	alguma
/mĩ́ña/	minha	/fũsionáriu/	funcionário
/aĩ́da/	ainda	/nẽñṹma/	nenhuma

/ẽ/		/õ/	
/dẽ́tru/	dentro	/ṍdi/	onde
/sẽ́pri/	sempre	/ṍtẽĩ/	ontem
/pẽ́sa/	pensa	/bṍ/	bom
/duẽ́ti/	doente	/kṍtu/	conto
/lisẽ́sa/	licença	/nṍmi/	nome
/parẽ́tis/	parentes	/kṍ/	com
/residẽ́sia/	residência	/fṍmi/	fome
/aprẽdéŕ/	aprender	/prṍtu/	pronto

/ã/	
/ãdámus/	andamos
/dã́sa/	dança
/sã́ba/	samba
/oɫã́du/	olhando
/tã́tu/	tanto
/kãsádu/	cansado
/kuã́du/	quando
/kuã́tas/	quantas

STRUCTURE AND DRILLS

(1) Preterite of *estar* and *ter*

Eu estive procurando apartamento.
Onde você esteve ontem de noite?
Você teve informação sôbre a água?
Nós estivemos num bom apartamento.
Tiveram sorte?

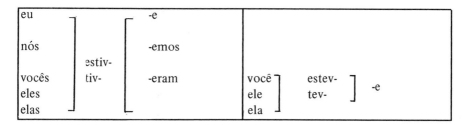

Although both stem and inflection are irregular in these verbs, they are similar in both the irregularity of their stems and in their inflection.

Substitute the cued words in the model sentence.

	Eu estive procurando apartamento.
num bom apartamento	Eu estive num bom apartamento.
na praia	Eu estive na praia.
num apartamento mobiliado	Eu estive num apartamento mobiliado.
em Portugal	Eu estive em Portugal.
na Bahia	Eu estive na Bahia.
em São Paulo	Eu estive em São Paulo.
na igreja	Eu estive na igreja.
na casa da Dona Amélia	Eu estive na casa da Dona Amélia.

	Onde você esteve ontem de noite?
a semana passada	Onde você esteve a semana passada?
hoje de tarde	Onde você esteve hoje de tarde?
há dois dias	Onde você esteve há dois dias?
no verão	Onde você esteve no verão?
segunda-feira	Onde você esteve segunda-feira?
o ano passado	Onde você esteve o ano passado?
em outubro	Onde você esteve em outubro?
no dia do seu aniversário	Onde você esteve no dia do seu aniversário?

	Nós estivemos num bom apartamento.
na cidade	Nós estivemos na cidade.
doentes	Nós estivemos doentes.
em Lisboa	Nós estivemos em Lisboa.
nos Estados Unidos	Nós estivemos nos Estados Unidos.
em Portugal	Nós estivemos em Portugal.
no Teatro Municipal	Nós estivemos no Teatro Municipal.
na estação	Nós estivemos na estação.
no concerto de Villa-Lobos	Nós estivemos no concerto de Villa-Lobos.

	Eles sempre tiveram muita sorte.
trabalho	Eles sempre tiveram muito trabalho.
água	Eles sempre tiveram muita água.
amigos	Eles sempre tiveram muitos amigos.
carros	Eles sempre tiveram muitos carros.
tapetes e cortinas	Eles sempre tiveram muitos tapetes e cortinas.
dinheiro	Eles sempre tiveram muito dinheiro.
empregadas	Eles sempre tiveram muitas empregadas.
bagagem	Eles sempre tiveram muita bagagem.

	Você esteve lá ontem de noite.
você e o seu marido	Você e o seu marido estiveram lá ontem de noite.
nós	Nós estivemos lá ontem de noite.
eu	Eu estive lá ontem de noite.
os artistas	Os artistas estiveram lá ontem de noite.
o porteiro	O porteiro esteve lá ontem de noite.
os senhores	Os senhores estiveram lá ontem de noite.
a nossa amiga	A nossa amiga esteve lá ontem de noite.
eu e você	Eu e você estivemos lá ontem de noite.

	Você teve informação sobre a água.
eu	Eu tive informação sobre a água.
eles	Eles tiveram informação sobre a água.
os engenheiros	Os engenheiros tiveram informação sobre a água.
a Dona Dulce	A Dona Dulce teve informação sobre a água.
eu e o meu marido	Eu e o meu marido tivemos informação sobre a água.
vocês	Vocês tiveram informação sobre a água.
a senhora	A senhora teve informação sobre a água.

Change the following sentences from an expression with *agora* and the present tense to *ontem de noite* and the preterite tense.

Onde você está agora?	Onde você esteve ontem de noite?
Nós estamos num apartamento agora.	Nós estivemos num apartamento ontem de noite.
Nós temos muito trabalho agora.	Nós tivemos muito trabalho ontem de noite.
Eles estão procurando apartamento agora.	Eles estiveram procurando apartamento ontem de noite.
Eles têm que estudar agora.	**Eles tiveram que estudar ontem de noite.**
Eu estou com os meus amigos agora.	Eu estive com os meus amigos ontem de noite.
O Paulo tem sorte agora.	O Paulo teve sorte ontem de noite.
Eu tenho uma aula agora.	Eu tive uma aula ontem de noite.

(2) Contraction of *por* and the definite article

Eu e o meu marido andamos pela cidade toda.
Está certo pelo relógio da Central.
Eu posso saber pelas cores.

```
por + o  = pelo
por + a  = pela
por + os = pelos
por + as = pelas
```

Por and the definite article show the contracted forms listed above.

Substitute the cued words in the model sentence.

	Nós andamos pela cidade toda.
escolas	Nós andamos pelas escolas todas.
Rio	Nós andamos pelo Rio todo.
rua	Nós andamos pela rua toda.
salas	Nós andamos pelas salas todas.
casa	Nós andamos pela casa toda.
teatro	Nós andamos pelo teatro todo.

	Ela faz tudo pelos filhos.
mãe	Ela faz tudo pela mãe.
amigas	Ela faz tudo pelas amigas.
universidade	Ela faz tudo pela universidade.
alunos	Ela faz tudo pelos alunos.

| Brasil | Ela faz tudo pelo Brasil. |
| família | Ela faz tudo pela família. |

	Eu posso saber pelas cores.
diálogos	Eu posso saber pelos diálogos.
professora	Eu posso saber pela professora.
artistas	Eu posso saber pelos artistas.
alunos	Eu posso saber pelos alunos.
livros	Eu posso saber pelos livros.
meu advogado	Eu posso saber pelo meu advogado.

(3) Contraction of *em* and the indefinite article

Nós estivemos num bom apartamento.

```
em + um   = num
em + uma  = numa
em + uns  = nuns
em + umas = numas
```

Em and the indefinite article show the contracted forms listed above.

Substitute the cued words in the model sentence.

	Nós estivemos num bom apartamento.
boa casa	Nós estivemos numa boa casa.
bairros residenciais	Nós estivemos nuns bairros residenciais.
apartamento mobiliado	Nós estivemos num apartamento mobiliado.
museu famoso	Nós estivemos num museu famoso.
casa na praia	Nós estivemos numa casa na praia.
países pequenos	Nós estivemos nuns países pequenos.
situação difícil	Nós estivemos numa situação difícil.
cidades muito bonitas	Nós estivemos numas cidades muito bonitas.
universidade famosa	Nós estivemos numa universidade famosa.
restaurante japonês	Nós estivemos num restaurante japonês.
biblioteca muito boa	Nós estivemos numa biblioteca muito boa.

(4) Contractions of *em* and *de* with demonstratives and personal pronouns

Nós estivemos num bom apartamento nesta rua.
Nesse ano Cabral chegou ao Brasil.
Nós somos muito amigos deles.
E também um pouco destas batatas.

Qual é o número do telefone dela?
Ele está deitado no quarto dele.

	em +	de +
ele(s)	nele(s)	dele(s)
ela(s)	nela(s)	dela(s)
este(s)	neste(s)	deste(s)
esta(s)	nesta(s)	desta(s)
isto	nisto	disto
esse(s)	nesse(s)	desse(s)
essa(s)	nessa(s)	dessa(s)
isso	nisso	disso
aquele(s)	naquele(s)	daquele(s)
aquela(s)	naquela(s)	daquela(s)
aquilo	naquilo	daquilo

The contrast between *este* etc. and *esse* etc. is very formal and is disappearing from the language.

Substitute the contracted forms of the cued words in the model sentence.

	Eu penso muito nele.
ela	Eu penso muito nela.
eles	Eu penso muito neles.
elas	Eu penso muito nelas.
ele	Eu penso muito nele.

	Qual é o número do telefone dela?
elas	Qual é o número do telefone delas?
ele	Qual é o número do telefone dele?
eles	Qual é o número do telefone deles?
ela	Qual é o número do telefone dela?

	Nós gostamos destes rapazes.
apartamento	Nós gostamos deste apartamento.
casas	Nós gostamos destas casas.
exercício	Nós gostamos deste exercício.
cortina	Nós gostamos desta cortina.
isto	Nós gostamos disto.

	Ele trabalhou nesta rua.
livros	Ele trabalhou nestes livros.
ministério	Ele trabalhou neste ministério.
lições	Ele trabalhou nestas lições.
fábrica	Ele trabalhou nesta fábrica.
isto	Ele trabalhou nisto.

	Você esteve naquele apartamento?
ruas	Você esteve naquelas ruas?
cidade	Você esteve naquela cidade?
escritório	Você esteve naquele escritório?
hotéis	Você esteve naqueles hotéis?
aquilo	Você esteve naquilo?

	O Paulo mora perto daquela igreja.
rapazes	O Paulo mora perto daqueles rapazes.
estação	O Paulo mora perto daquela estação.
museu	O Paulo mora perto daquele museu.
moças louras	O Paulo mora perto daquelas moças louras.
aquilo	O Paulo mora perto daquilo.

One student asks the suggested question, another student answers by chosing the first alternative.

Pergunte ao colega se ele esteve nesta ou naquela rua.	Você esteve nesta ou naquela rua? Eu estive nesta.
Pergunte ao colega se ele morou naquele ou neste apartamento.	Você morou naquele ou neste apartamento? Eu morei naquele.
Pergunte ao colega se ele gostou destes ou daqueles quadros.	Você gostou destes ou daqueles quadros? Eu gostei destes.
Pergunte à colega se ela pensou neste ou naquele rapaz.	Você pensou neste ou naquele rapaz? Eu pensei neste.
Pergunte ao colega se ele gostou desta ou daquela moça.	Você gostou desta ou daquela moça? Eu gostei desta.
Pergunte ao colega se ele trabalhou naqueles ou nestes exercícios.	Você trabalhou naqueles ou nestes exercícios? Eu trabalhei naqueles.
Pergunte ao colega se ele pensou nelas ou neles.	Você pensou nelas ou neles? Eu pensei nelas.

Pergunte ao colega se ele pensa nisto ou naquilo.

Você pensa nisto ou naquilo? Eu penso nisto.

Review expressions of comparison by changing the suggested statement to a comparative statement with *do que*. Then state that the item is the best of its class.

Este quadro é tão bonito quanto o outro.

É mais bonito do que o outro.
É o mais bonito de todos.

Este quarto é tão pequeno quanto o outro.

É menor do que o outro.
É o menor de todos.

Este carro é tão grande quanto o outro.

É maior do que o outro.
É o maior de todos.

Esta casa é tão cara quanto a outra.

É mais cara do que a outra.
É a mais cara de todas.

Esta escola é tão boa quanto a outra.

É melhor do que a outra.
É a melhor de todas.

Esta cadeira é tão ruim quanto a outra.

É pior do que a outra.
É a pior de todas.

Esta lição é tão difícil quanto a outra.

É mais difícil do que a outra.
É a mais difícil de todas.

Este apartamento é tão quente quanto o outro.

É mais quente do que o outro.
É o mais quente de todos.

20

Uma viagem a Brasília

Helena e Maria Teresa

H: Você foi a algum lugar este fim de semana?
T: Eu fui a Brasília. Eu e o Ricardo fomos de avião.
H: Eu também fui convidada mas não pude ir. Foi tudo bem?
T: Foram dias agradabilíssimos desde a chegada ao aeroporto.
H: Vocês foram sozinhos ou num grupo?
T: Só nós, ninguém mais. Mas nós fomos apresentados a muita gente interessante.
H: Alguém do governo?
T: Muitas pessoas do governo, e importantes: ministros, senadores e deputados.

A trip to Brasília

H: Did you go anywhere this weekend?
T: I went to Brasília. Ricardo and I went by plane.
H: I was invited but I couldn't go. Did everything go all right?
T: It was wonderful, right from our arrival at the airport.
H: Were you alone or in a group?
T: We were alone, but we were introduced to many interesting people.
H: Anyone in the Government?
T: Lots of important government people: ministers, senators, representatives.

NOTES

Brasília, the new capital, located in the state of Goiás, was planned and especially laid out to be the capital of the country. Only a few years ago, the

215

area was a complete wilderness. The architects, all Brazilians, include Oscar Niemeyer and Lúcio Costa. The very modern buildings are of typical Brazilian architecture. The climate in Brasília is mild and agreeable all year.

PRONUNCIATION PRACTICE

(1) Review of /e/ vs. /ei/

Repeat after the instructor or the tape, imitating the model as closely as possible.

/e/		/ei/	
/prétu/	preto	/préitu/	preito
/sédi/	sede	/séidi/	seide
/séra/	cera	/séira/	seira
/dé/	dê	/déi/	dei
/lé/	lê	/léi/	lei
/sé/	sê	/séi/	sei
/r̂és/	rês	/r̂éis/	reis
/kor̂tés/	cortês	/kor̂téis/	corteis

(2) Review of /ɛ/ vs. /ɛi/

Repeat after the instructor or the tape, imitating the model as closely as possible.

/ɛ/		/ɛi/	
/r̂έ/	ré	/r̂έis/	réis
/fέ/	fé	/fέis/	féis
/mέ/	mé	/mέis/	méis
/έla/	ela	/papέis/	papéis
/bέlu/	belo	/anέis/	anéis
/kέru/	quero	/otέis/	hotéis
/ĩvέr̂nu/	inverno	/painέis/	painéis
/atέ/	até	/kar̂itέis/	carretéis

STRUCTURE AND DRILLS

(1) Preterite of *ser* and *ir*

Ser
Eu tamém fui convidada.
Foi tudo bem?

Mas nós fomos apresentados a muita
gente interessante.
Foram dias agradabilíssimos.

Ir
Eu fui a Brasília.
Você foi a algum lugar este fim de
semana?
Eu e o Ricardo fomos de avião.

Vocês foram sozinhos ou num grupo?

Ser e ir	
fui	fomos
foi	foram

In the preterite *ser* and *ir* show identical forms.

Substitute the cued words in the model sentence.

	Eu e o Ricardo fomos de avião.
o senador	O senador foi de avião.
a Dona Amélia e a cunhada	A Dona Amélia e a cunhada foram de avião.
vocês	Vocês foram de avião.
os deputados	Os deputados foram de avião.
o Ministro	O Ministro foi de avião.
eu	Eu fui de avião.
nós	Nós fomos de avião.
os meus cunhados	Os meus cunhados foram de avião.

	Eu também fui convidada.
vocês	Vocês também foram convidados.
nós	Nós também fomos convidados.
a Helena	A Helena também foi convidada.
o deputado	O deputado também foi convidado.
a gente do governo	A gente do governo também foi convidada.
o genro da Dona Amélia	O genro da Dona Amélia também foi convidado.
você	Você também foi convidado.
eu e o Ricardo	Eu e o Ricardo também fomos convidados.

Change the following sentences to the preterite.

Eu vou ao teatro.	Eu fui ao teatro.
A Dona Dulce vai à escola.	A Dona Dulce foi à escola.
Os deputados vão para Brasília.	Os deputados foram para Brasília.
O doutor Alceu vai para casa.	O doutor Alceu foi para casa.
Eu vou para o escritório.	Eu fui para o escritório.
Nós vamos ao aeroporto.	Nós fomos ao aeroporto.
Vocês vão a algum lugar?	Vocês foram a algum lugar?
O senador vai ao Rio?	O senador foi ao Rio?
Nós somos muito amigos.	Nós fomos muito amigos.
Eu sou convidada para muitas festas.	Eu fui convidada para muitas festas.
Nós somos apresentados a muita gente.	Nós fomos apresentados a muita gente.
Eles são deputados.	Eles foram deputados.
Os ministros são muito simpáticos.	Os ministros foram muito simpáticos.
O Senhor Luís é amigo de todos.	O Senhor Luís foi amigo de todos.
São dias agradabilíssimos.	Foram dias agradabilíssimos.
Você é amigo dele?	Você foi amigo dele?
Nós somos alunos de português.	Nós fomos alunos de português.

Change the following sentences to the present.

Eu e o Pedro fomos de avião.	Eu e o Pedro vamos de avião.
Eu também fui convidada.	Eu também sou convidada.
O Ministro foi a São Paulo.	O Ministro vai a São Paulo.
Eles foram apresentados ao senador.	Eles são apresentados ao senador.
Nós fomos amigos dele.	Nós somos amigos dele.
Os meus cunhados foram sozinhos.	Os meus cunhados vão sozinhos.
Eu fui ao aeroporto.	Eu vou ao aeroporto.
Eu fui muito feliz em Brasília.	Eu sou muito feliz em Brasília.

(2) Indefinite adjectives and pronouns

Você foi a algum lugar?
Só nós, ninguém mais.
Alguém do governo?
Todos trazem alguma coisa, não é?
Eu hoje não vou visitar fábrica nenhuma.

Affirmative		Negative	
alguém		ninguém	
algum	alguns	nenhum	(nenhuns)
alguma	algumas	nenhuma	(nenhumas)

The forms *nenhum* and *nenhuma* may precede or follow the form with which they stand in construction without change of meaning.

The plural of *nenhum* and *nenhuma* are not used in conversation, and they rarely occur in the written language.

Notice these examples:

Ele conhece alguém do Ministério.
Eu estou esperando alguns amigos.
Há algum erro nisto 'There is some mistake in this'.

Ela recebe algumas cartas 'She gets a few letters'.
Nós tivemos alguma informação.
Há muita água em sua casa? Há alguma.

Vocês têm muito trabalho? Temos algum.
Os rapazes foram convidados? Alguns foram.
Eu não vou a festa nenhuma.
Eu não vou a nenhuma festa.

Ele não pensa em ninguém.
Ela não conversa com professor nenhum.
Ela não conversa com nenhum professor.
Ele tem muitas idéias 'Does he have many ideas'? Não, não tem nenhuma.

Substitute the cued words in the model sentence.

	Todos trazem alguma coisa.
alguém	Todos trazem alguém.
alguns convidados	Todos trazem alguns convidados.
alguém do governo	Todos trazem alguém do governo.
algum presente	Todos trazem algum presente.
alguma informação	Todos trazem alguma informação.
algumas moças	Todos trazem algumas moças.
	Eu hoje não vou visitar fábrica nenhuma.
ninguém	Eu hoje não vou visitar ninguém.

escola nenhuma	Eu hoje não vou visitar escola nenhuma.
amigo nenhum	Eu hoje não vou visitar amigo nenhum.
moça nenhuma	Eu hoje não vou visitar moça nenhuma.
nenhuma colega	Eu hoje não vou visitar nenhuma colega.
nenhum professor	Eu hoje não vou visitar nenhum professor.

Change the following sentences from an affirmative indefinite form to a negative indefinite form.

Eu vou dizer alguma coisa.	Eu não vou dizer coisa nenhuma.
Eles conhecem alguém aqui.	Eles não conhecem ninguém aqui.
Eles tiveram alguma informação.	Eles não tiveram informação nenhuma.
Nós gostamos de alguns quadros.	Nós não gostamos de quadro nenhum.
Nós temos algum papel.	Nós não temos papel nenhum.
Eu falei com alguns amigos.	Eu não falei com amigo nenhum.
Ele falou com algum advogado.	Ele não falou com advogado nenhum.

One student asks the suggested question; another answers in the negative.

Pergunte ao colega se a Dona Dulce gostou de algum quadro.	A Dona Dulce gostou de algum quadro? Não, ela não gostou de quadro nenhum.
Pergunte ao colega se o irmão dele teve alguma informação.	O seu irmão teve alguma informação? Não, ele não teve informação nenhuma.
Pergunte ao colega se ele traz alguns convidados.	Você traz alguns convidados? Não, eu não trago convidado nenhum.
Pergunte ao colega se ele sabe a lição.	Você sabe a lição? Não, eu não sei lição nenhuma.
Pergunte ao colega se o carioca vai visitar alguma fábrica.	O carioca vai visitar alguma fábrica? Não, ele não vai visitar fábrica nenhuma.
Pergunte ao colega se os paulistas têm alguma diversão.	Os paulistas têm alguma diversão? Não, eles não têm diversão nenhuma.
Pergunte ao colega se a Ana Maria conhece alguém.	A Ana Maria conhece alguém? Não, ela não conhece ninguém.
Pergunte ao colega se ele encontrou alguém.	Você encontrou alguém? Não, eu não encontrei ninguém.

(3)   Position of negative indefinites

Eu hoje não vou visitar fábrica nenhuma

Não foi ninguém mais.	Ninguém mais foi.
Não saiu avião nenhum.	Nenhum avião saiu.
Não chegou carta nenhuma.	Nenhuma carta chegou.

Negative indefinites may precede or follow the verb. When the negative indefinite occurs before the verb, no other negative is used in the sentence.

Substitute the cued words in the model sentence.

	Ninguém esteve aqui.
nenhum rapaz	Nenhum rapaz esteve aqui.
nenhuma moça	Nenhuma moça esteve aqui.
senador nenhum	Senador nenhum esteve aqui.
pintor nenhum	Pintor nenhum esteve aqui.
ninguém	Ninguém esteve aqui.
nenhum artista	Nenhum artista esteve aqui.
colega nenhuma	Colega nenhuma esteve aqui.

	Nenhum livro chegou do Brasil.
ninguém	Ninguém chegou do Brasil.
nenhuma carta	Nenhuma carta chegou do Brasil.
informação nenhuma	Informação nenhuma chegou do Brasil.
nenhum ministro	Nenhum ministro chegou do Brasil.
nenhum quadro	Nenhum quadro chegou do Brasil.
nenhuma professora	Nenhuma professora chegou do Brasil.
tapete nenhum	Tapete nenhum chegou do Brasil.

(4)   The use of *de avião*, *de ônibus*, etc.

Eu e o Ricardo fomos de avião.

Eles só viajam de ônibus.
Você vai de carro.
A Dona Dulce chegou de trem.
Ela só sai de táxi 'taxi'.
Eu gosto de viajar de navio 'I like to travel by boat'.
Nós vamos de elevador 'We take the elevator'.
Ele anda de bicicleta 'He rides a bicycle'.

The phrases *de avião, de ônibus*, etc. correspond to English *by plane, by bus,* etc.

Substitute the cued words in the model sentence.

	Eu e o Ricardo fomos de avião.
navio	Eu e o Ricardo fomos de navio.
carro	Eu e o Ricardo fomos de carro.
ônibus	Eu e o Ricardo fomos de ônibus.
táxi	Eu e o Ricardo fomos de táxi.
elevador	Eu e o Ricardo fomos de elevador.
bicicleta	Eu e o Ricardo fomos de bicicleta.

	Eles gostam de viajar de carro.
avião	Eles gostam de viajar de avião.
trem	Eles gostam de viajar de trem.
ônibus	Eles gostam de viajar de ônibus.
táxi	Eles gostam de viajar de táxi.
navio	Eles gostam de viajar de navio.

	Ele só anda de bicicleta.
ônibus	Ele só anda de ônibus.
táxi	Ele só anda de táxi.
trem	Ele só anda de trem.
carro	Ele só anda de carro.
bicicleta	Ele só anda de bicicleta.

21

Uma visita ao médico

O médico e Paulo

M: Então, Paulo, você crê que está melhorando?
P: Não, doutor, eu creio que estou muito mal. Mas lá em casa, quando eu peço um remédio, todos riem de mim.
M: Eles crêem que você não tem nada e que só está nervoso.
P: Mas eu tenho dor de ouvido, dor nas costas, no peito . . .
M: É uma pequena inflamação na garganta que ataca todo o corpo.
P: Eu não leio nada, não ouço bem. Nem rio mais.
M: Tome estas pílulas. Elas impedem que a inflamação continue. Você vai ficar bom logo.

At the doctor's office

M: Well, Paulo, do you think you are getting better?
P: No, doctor, I think I'm very sick, but at home when I ask for medicine everybody laughs at me.
M: Then they think there's nothing the matter with you and that you are just nervous.
P: But I have an ear ache, a pain in my back, a pain in my chest . . .
M: It's a slight inflammation in your throat that affects your whole body.
P: I can't read, I don't hear well and I can't even laugh anymore.
M: Take these pills. They'll stop the inflammation. You'll be better soon.

NOTES

The family doctor is often an old friend who treats the whole family with a certain air of authority and paternity. The patient, for his part, is at ease with the doctor and regards him with a certain childlike devotion.

The word *doutor* is used when speaking directly to the doctor or to some one else who uses this title. When referring to those in the medical profession, the word *médico* is used.

PRONUNCIATION PRACTICE

(1) /p/ vs. /b/

Repeat after the instructor or the tape, imitating the model as closely as possible.

/p/ is voiceless in contrast to /b/ which is voiced. Moreover, Portuguese /p/ differs from the corresponding English sound in that it is unaspirated; that is, it occurs without the little puff of air which accompanies the release of an initial *p* in English.

/p/		/b/	
/pála/	pala	/bála/	bala
/pátu/	pato	/bátu/	bato
/pɔ́di/	pode	/bɔ́di/	bode
/apér̃tu/	aperto	/abér̃tu/	aberto
/pópa/	popa	/bóba/	boba
/pápa/	pampa	/bába/	bamba

(2) /pr/ vs. /br/

Repeat after the instructor or the tape, imitating the model as closely as possible. Be careful to avoid aspiration in the release of Portuguese /pr/.

/pr/		/br/	
/prétu/	preto	/bráku/	branco
/aprédi/	aprende	/ábri/	abre
/prĩsipál/	principal	/brazíl/	Brasil
/ĩpregádas/	empregadas	/setébru/	setembro
/profesóra/	professora	/otúbru/	outubro
/prazér̃/	prazer	/brĩdár̃/	brindar
/prímus/	primos	/brásu/	braço
/presíza/	precisa		

(3) /pl/ vs. /bl/

Repeat after the instructor or the tape, imitating the model as closely as possible. Be careful to avoid aspiration in the release of Portuguese /pl/.

/pl/		/bl/	
/plánu/	plano	/blúza/	blusa
/pláka/	placa	/blɔ́ku/	bloco
/platafɔ́r̃ma/	plataforma	/blĩdár̃/	blindar
/pléitu/	pleito	/blokiár̃/	bloquear
/plǘma/	pluma	/bléda/	blenda
/aplãĩnár̃/	aplainar		
/plã́ta/	planta		
/platéia/	platéia		

STRUCTURE AND DRILLS

(1) Present tense of *crer*, *ler*, and *rir*

Eu creio que estou muito mal.
Eu não leio nada.
Eu nem rio mais.
Você crê que está melhorando?
Todos riem de mim.
Eles crêem que você não tem nada.

crer, ler, rir			
cre- le- ri-	-io -o	cre- le- ri-	-mos
crê lê ri		crê- lê- ri-	-em

Crer 'believe', *ler* 'read', and *rir* 'laugh' are irregular verbs only in the first person singular.

Substitute the cued words in the model sentence.

	Eu creio que estou muito mal.
o Paulo	O Paulo crê que está muito mal.
nós	Nós cremos que estamos muito mal.
vocês	Vocês crêem que estão muito mal.
a minha avó	A minha avó crê que está muito mal.
o seu tio	O seu tio crê que está muito mal.
o pai dela	O pai dela crê que está muito mal.
os doentes	Os doentes crêem que estão muito mal.
a senhora	A senhora crê que está muito mal.

	Eu não leio nada.
você	Você não lê nada.
nós	Nós não lemos nada.
estes meninos	Estes meninos não lêem nada.
lá em casa eles	Lá em casa eles não lêem nada.
o Paulo	O Paulo não lê nada.
os funcionários	Os funcionários não lêem nada.
esta aluna	Esta aluna não lê nada.
vocês	Vocês não lêem nada.

	Você crê que está melhorando.
os doentes	Os doentes crêem que estão melhorando.
a sua sogra	A sua sogra crê que está melhorando.
os senhores	Os senhores crêem que estão melhorando.
a mamãe	A mamãe crê que está melhorando.
eu	Eu creio que estou melhorando.
o Paulo	O Paulo crê que está melhorando.
os alunos	Os alunos crêem que estão melhorando.
as senhoras	As senhoras crêem que estão melhorando.

	Todos riem de mim.
você	Você ri de mim.
os colegas	Os colegas riem de mim.
vocês	Vocês riem de mim.
os amigos	Os amigos riem de mim.
a minha família	A minha família ri de mim.
os meus irmãos	Os meus irmãos riem de mim.
até eu	Até eu rio de mim.
o médico	O médico ri de mim.

Answer each of the following questions by an affirmative answer which includes a repetition of the verb.

Você crê que está melhorando?	Creio, sim.
Você ri muito na aula?	Rio, sim.
Eles riem de mim?	Riem, sim.
Ele não lê nada?	Lê, sim.

Eles crêem que você está doente?	Crêem, sim.
Você ri das suas dores?	Rio, sim.
Você lê em português?	Leio, sim.
Os seus colegas lêem bons livros?	Lêem, sim.

Answer each of the following questions by a negative answer which includes a repetition of the verb.

O Paulo crê que está melhorando?	Não, não crê não.
Você ri das histórias dele?	Não, não rio não.
Vocês lêem História do Brasil?	Não, não lemos não.
Eles riem das suas dores?	Não, não riem não.
Você crê que ela chega hoje?	Não, não creio não.
Ele lê espanhol?	Não, não lê não.
Eles crêem que você está doente?	Não, não crêem não.
Vocês riem dele?	Não, não rimos não.

Change each of the following sentences to a present form of *crer*, *ler*, or *rir*.

Ele não vai crer nesta história.	Ele não crê nesta história.
Eu vou ler a carta mais tarde.	Eu leio a carta mais tarde.
Nós vamos rir de todos.	Nós rimos de todos.
Os meninos vão ler na escola.	Os meninos lêem na escola.
Eu não vou crer nisto.	Eu não creio nisto.
Os irmãos do Paulo vão rir dele.	Os irmãos do Paulo riem dele.
Nós vamos crer que estamos melhorando.	Nós cremos que estamos melhorando.
Eu vou rir o tempo todo.	Eu rio o tempo todo.
O advogado vai ler as informações.	O advogado lê as informações.

(2) Feminine forms ending in *-a, -ā, -ona*

Nouns and adjectives whose masculine form contrasts with a feminine form ending in *-a, -ā,* or *-ona* belong to one of the following classes:

(1)		(2)	
moço	moça	português	portuguesa
americano	americana	inglês	inglesa
brasileiro	brasileira	espanhol	espanhola
médico	médica	professor	professora
porteiro	porteira	doutor	doutora
		autor 'author'	autora
(3)		**(4)**	
alemão	alemã	solteirão	solteirona
irmão	irmã	'bachelor'	
cristão	cristã	valentão	valentona
'Christian'		'boastful'	
(5)		**(6)**	
leão 'lion'	leoa	senhor	senhora
bom	boa	sogro	sogra
		nervoso	nervosa
		estudioso	estudiosa

As the above chart indicates the basic feminine suffix is *-a*. This suffix or one of its variants combines with the masculine word stem in various ways.

Masculine forms ending in *-o* do not show the *-o* before the feminine suffix *-a* (1).

Masculine forms ending in *-es, -or, -ol* simply add the feminine suffix *-a* (2).

Some masculine forms ending in *-āo* show contrasting feminine forms in *-ā* (3); others show contrasting feminine forms in *-ona* (4). A few masculine forms ending in *-āo* plus a few masculine forms ending in *-m* show feminine forms similar to *leoa* and *boa* (5). To which of these subclasses (3, 4, or 5) a masculine form ending in *-āo* belongs must simply be memorized.

A few masculine forms ending in *-o* which include an /ó/ in their base show an alternate base in /ó/ in their feminine form (6). For the rest, they combine with the feminine suffix *-a* similarly to the forms listed in class one (1).

Although lexically important, the masculine form *mau* 'bad' which shows the feminine form *má* was not listed on the chart since it is the only member of its subclass.

Attention is also called to the adjectival *cortês* 'courteous' which although it ends in *-es* does not show contrasting masculine/feminine forms.

Change the following sentences containing masculine forms to sentences containing the corresponding feminine forms.

Este aluno é alemão.	Esta aluna é alemã.
O nosso professor é espanhol.	A nossa professora é espanhola.
Ele é um bom funcionário.	Ela é uma boa funcionária.
O senhor é valentão.	A senhora é valentona.
O senhor é porteiro.	A senhora é porteira.
Ele é o autor.	Ela é a autora.
O seu amigo é cristão.	A sua amiga é cristã.
Você é meu irmão.	Você é minha irmã.
O médico é cortês.	A médica é cortês.
Ele não é mau.	Ela não é má.

Substitute the cued forms in the proper place in the model sentence.

	O professor é valentão.
moça	A moça é valentona.
cortês	A moça é cortês.
senhor	O senhor é cortês.
cristão	O senhor é cristão.
sogra	A sogra é cristã.
alemã	A sogra é alemã.
alemão	O sogro é alemão.
espanhol	O sogro é espanhol.
professora	A professora é espanhola.
nervosa	A professora é nervosa.
médico	O médico é nervoso.
inglesa	A médica é inglesa.
sogro	O sogro é inglês.
mau	O sogro é mau.
senhora	A senhora é má.

(3) Feminine forms not ending in -a, ã, -ona

(1)		(2)	
grande	grande	embaixador	embaixatriz
constante	constante	'ambassador'	
independente	independente	imperador	imperatriz
intelectual	intelectual	'emperor'	
confortável	confortável	ator	atriz
comum 'common'	comum	'actor'	

(3)		(4)	
barão 'baron'	baronesa	homem	mulher
duque 'duke'	duquesa	marido	mulher
		pai	mãe
		padrinho	madrinha
		'godfather'	'godmother'
		avô	avó

Forms ending in unstressed -e and a few forms ending in a consonant do not change in the feminine (1).

Some forms show the suffix -triz (2) or -esa (3) in the feminine.

A few items show different bases in the masculine and feminine (4). Notice that avô /avó/ vs. avó /avó/ are similar to sogro /sógru/ vs. sogra /sógra/ in that it shows a similar shift of vowels in the base, but is dissimilar in that the feminine form does not show the suffix -a.

Change the following sentences containing masculine forms to sentences containing the corresponding feminine forms.

O meu marido é intelectual.   A minha mulher é intelectual.
Este advogado é independente.   Esta advogada é independente.
O avô riu o tempo todo.   A avó riu o tempo todo.
O embaixador é simpático.   A embaixatriz é simpática.
Eu conheci o duque.   Eu conheci a duquesa.

Ele é um bom ator.   Ela é uma boa atriz.
É um homem comum.   É uma mulher comum.
É um grande médico.   É uma grande médica.
Aquele senhor é meu padrinho.   Aquela senhora é minha madrinha.
Ele foi Imperador do Brasil.   Ela foi Imperatriz do Brasil.

(4) Present tense of *ouvir, pedir, medir,* and *impedir*

Não ouço bem.
Quando eu peço um remédio todos riem de mim.
Elas impedem que a inflamação continue.

ouv-ir	ped-ir	med-ir	
ouç- peç- ⎤ -o meç- ⎦		ouv- ped- ⎤ -imos med- ⎦	
ouv- ped- ⎤ -e med- ⎦		ouv- ped- ⎤ -em med- ⎦	

Ouvir, pedir, medir 'measure', and *impedir* show irregularity only in the first person singular. *Impedir* and *despedir* 'dismiss, bid farewell' show the same forms as *pedir*.

Substitute the cued forms in the model sentence.

	Eu não ouço bem.
o Paulo	O Paulo não ouve bem.
nós	Nós não ouvimos bem.
vocês	Vocês não ouvem bem.
o médico	O médico não ouve bem.
os tios dele	Os tios dele não ouvem bem.
o senador	O senador não ouve bem.
a minha madrinha	A minha madrinha não ouve bem.
os nossos avós	Os nossos avós não ouvem bem.

	Quando eu peço um remédio todos riem.
o Paulo	Quando o Paulo pede um remédio todos riem.
a atriz	Quando a atriz pede um remédio todos riem.
nós	Quando nós pedimos um remédio todos riem.
vocês	Quando vocês pedem um remédio todos riem.
os solteirões	Quando os solteirões pedem um remédio todos riem.
a minha sogra	Quando a minha sogra pede um remédio todos riem.
as senhoras	Quando as senhoras pedem um remédio todos riem.
eu e você	Quando eu e você pedimos um remédio todos riem.

	A Dona Amélia mede os tapetes da sala.
você	Você mede os tapetes da sala.
eu	Eu meço os tapetes da sala.
as empregadas	As empregadas medem os tapetes da sala.
nós	Nós medimos os tapetes da sala.
o porteiro	O porteiro mede os tapetes da sala.
a minha tia	A minha tia mede os tapetes da sala.
eu e o meu marido	Eu e o meu marido medimos os tapetes da sala.
vocês	Vocês medem os tapetes da sala.

Change the following sentences to sentences with the verbs in the first person singular.

Eles nunca pedem nada.	Eu nunca peço nada.
Nós não impedimos a viagem dela.	Eu não impeço a viagem dela.
A Dona Amélia despede todas as empregadas.	Eu despeço todas as empregadas.
O Pedro ouve os concertos com atenção.	Eu ouço os concertos com atenção.
Eles impedem que a inflamação continue.	Eu impeço que a inflamação continue.
O Paulo pede um remédio ao médico.	Eu peço um remédio ao médico.
O porteiro mede as salas e os quartos.	Eu meço as salas e os quartos.
Vocês nunca ouvem o que eles dizem.	Eu nunca ouço o que eles dizem.
O ministro despede os funcionários.	Eu despeço os funcionários.
A empregada mede a cortina da porta.	Eu meço a cortina da porta.

Review the plurals of nouns and adjectives by changing the following sentences to the plural.

Este quarto é muito confortável.	Estes quartos são muito confortáveis.
Esta lição é fácil.	Estas lições são fáceis.
O professor é espanhol.	Os professores são espanhóis.
O nosso exercício é difícil.	Os nossos exercícios são difíceis.
A minha amiga é intelectual.	As minhas amigas são intelectuais.
Este mês é quente.	Estes meses são quentes.
Este lápis é azul.	Estes lápis são azuis.

Ele só pensa em diversão.	Eles só pensam em diversões.
Aquele rapaz é alemão.	Aqueles rapazes são alemães.
O malão é grande.	Os malões são grandes.
A sua mão é pequena.	As suas mãos são pequenas.
O senador é gentil.	Os senadores são gentis.
Este ônibus é confortável.	Estes ônibus são confortáveis.

Repeat the preceding drill, changing the plural forms to singular forms.

Review the interrogative forms by answering the following questions.

Quem é o rapaz que crê que está muito mal?	O rapaz que crê que está muito mal é o Paulo.
Como é o nome dele?	O nome dele é Paulo.
De quem é o aniversário?	O aniversário é do Betinho.
Quando a sua família chega?	A minha família chega amanhã.
Quantas pessoas moram em sua casa?	Seis pessoas moram em minha casa.
Com quem a moça loura está dançando?	A moça loura está dançando com o Pedro.
De onde você é?	Eu sou dos Estados Unidos.
Onde o Betinho põe tudo?	O Betinho põe tudo em cima da mesa.

Repeat the preceding drill by forming word questions to correspond to each of the cued statements.

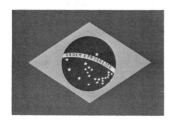

22

A bandeira brasileira

Ana Maria e Margaret

A: Você veio ontem dos Estados Unidos, não é? Você já viu a bandeira brasileira?

M: Vi sim. O Fred me levou ao edifício das Nações Unidas e nós a vimos lá.

A: O que é que você achou das cores verde e amarelo?

M: Eu as achei interessantes pelos símbolos que encerram.

A: Com quem você os aprendeu?

M: Com o guia que nos acompanhou.

A: Vocês viram as vinte e três estrelas brancas. Sabem o que representam?

M: Representam os vinte e dois estados e o Distrito Federal. O azul representa o céu.

A: E eu vim aqui pensando em dar uma aula sobre o assunto. Vocês já vieram sabendo tudo.

The Brazilian flag

A: You came from the United States yesterday, didn't you? Have you seen the Brazilian flag yet?

M: Yes, I have. Fred took me to the UN and we saw it there.

A: What do you think of the colors green and yellow?

M: I find them interesting as symbols of what they represent.

A: Who told you about them?

M: The guide who accompanied us.

A: You saw the 23 white stars. Do you know what they represent?

M: They represent the 22 states and the Federal District. The blue represents the sky.

A: Here I thought I'd give you a lesson and you come knowing all about it.

NOTES

The Brazilian flag has a large yellow diamond on a green background. The green stands for the lush fields of Brazil, the yellow represents its wealth in gold. In the center of the diamond is a blue sphere symbolizing the heavens, sprinkled with 23 white stars which represent the 22 states of the Federation and the Federal District. There were only 21 stars until the recent addition of the states of Acre and Guanabara. A white band with the legend *Ordem e Progresso* traverses the blue globe.

PRONUNCIATION PRACTICE

(1) /ŝ/ vs. /ẑ/

Repeat after the instructor or the tape, imitating the model as closely as possible.

/ŝ/ and /ẑ/ are palatal sibilants. /ŝ/ is voiceless; /ẑ/ is voiced.

/ŝ/		/ẑ/	
/ŝá/	chá	/ẑá/	já
/ŝamáis/	chamais	/ẑamáis/	jamais
/ŝúta/	chuta	/ẑúta/	juta
/ŝátu/	chato	/ẑátu/	jato
/ŝása/	chaça	/ẑása/	jaça
/ŝɔ́sa/	choça	/ẑɔ́sa/	joça
/áŝa/	acha	/áẑa/	haja
/kéiŝu/	queixo	/kéiẑu/	queijo

(2) Sibilants in final position

Repeat after the instructor or the tape, imitating the model as closely as possible.

In syllable final position some people have /s/ and /z/; others have /ŝ/ and /ẑ/. In either case there is not any contrast between the voiced and voiceless members of the pairs.

/s/ or /ŝ/ occurs before silence or voiceless consonants; /z/ or /ẑ/ occurs before voiced consonants. /z/ occurs before vowels.

/s/ or /ŝ/		/z/ or /ẑ/	
/uskáṙus/	os carros	/azbaṙákas/	as barracas
/askázas/	as casas	/azmósas/	as moças
/aspɔ́ṙtas/	as portas	/uzlívrus/	os livros
/ustíus/	os tios	/azmálas/	as malas
/usfíṫus/	os filhos	/azbãdéiras/	as bandeiras

/asprímas/	as primas	/aznasóis/	as nações
/ustiátrus/	os teatros	/uzdumígus/	os domingos

/z/

/azalúnas/	as alunas
/azistrélas/	as estrelas
/uzaprēdéu/	os aprendeu
/uzistádus/	os estados
/uzedifísius/	os edifícios

STRUCTURE AND DRILLS

(1) Preterite of *ver*

Vi sim.
Você já viu a bandeira brasileira?
Nós a vimos lá.
Vocês viram as estrelas brancas?

ver			
v- ⎤⎦	-i -iu	v- ⎤⎦	-imos -iram

In the preterite *ver* shows the same endings as *-ir* verbs.

Substitute the cued words in the model sentence.

	Eu vi as estrelas brancas.
o guia	O guia viu as estrelas brancas.
os meus irmãos	Os meus irmãos viram as estrelas brancas.
o Imperador	O Imperador viu as estrelas brancas.
nós	Nós vimos as estrelas brancas.
a minha mãe	A minha mãe viu as estrelas brancas.
as moças	As moças viram as estrelas brancas.
vocês	Vocês viram as estrelas brancas.
eu e o Pedro	Eu e o Pedro vimos as estrelas brancas.

	Você já viu a bandeira brasileira?
vocês	Vocês já viram a bandeira brasileira?
os alunos americanos	Os alunos americanos já viram a bandeira brasileira?
nós	Nós já vimos a bandeira brasileira?
a embaixatriz francesa	A embaixatriz francesa já viu a bandeira brasileira?
eu	Eu já vi a bandeira brasileira?

a senhora	A senhora já viu a bandeira brasileira?
o comandante	O comandante já viu a bandeira brasileira?
os senhores	Os senhores já viram a bandeira brasileira?

Change the following sentences to the preterite.

Nós a vemos lá.	Nós a vimos lá.
Vocês vêem as estrelas brancas?	Vocês viram as estrelas brancas?
Eu não vejo a razão da sua certeza.	Eu não vi a razão da sua certeza.
Você vê a bandeira brasileira?	Você viu a bandeira brasileira?
Eles vêem os quadros de Portinari.	Eles viram os quadros de Portinari.
Nós vemos a esquadra portuguesa.	Nós vimos a esquadra portuguesa.
Eu não vejo ninguém.	Eu não vi ninguém.
O médico vê a garganta dele.	O médico viu a garganta dele.
O pobre e o rico vêem o mesmo céu.	O pobre e o rico viram o mesmo céu.
Eu não vejo a minha madrinha.	Eu não vi a minha madrinha.

Repeat the preceding drill by changing the sentences in the preterite to sentences in the present tense.

(2) Preterite of *vir*

E eu vim aqui pensando em dar uma aula.
Você veio ontem dos Estados Unidos, não é?
Vocês já vieram sabendo tudo.

vir	
vim	viemos
veio	vieram

The preterite of *vir* is irregular in all of its forms.

Substitute the cued words in the model sentence.

	Eu vim aqui pensando em dar uma aula.
a Helena	A Helena veio aqui pensando em dar uma aula.
nós	Nós viemos aqui pensando em dar uma aula.
vocês	Vocês vieram aqui pensando em dar uma aula.
alguém	Alguém veio aqui pensando em dar uma aula.
eu e você	Eu e você viemos aqui pensando em dar uma aula.
ninguém	Ninguém veio aqui pensando em dar uma aula.

eles	Eles vieram aqui pensando em dar uma aula.
a senhora	A senhora veio aqui pensando em dar uma aula.
	Vocês já vieram sabendo tudo.
ela	Ela já veio sabendo tudo.
nós	Nós já viemos sabendo tudo.
os engenheiros	Os engenheiros já vieram sabendo tudo.
eu	Eu já vim sabendo tudo.
o advogado	O advogado já veio sabendo tudo.
você	Você já veio sabendo tudo.
eu e o Paulo	Eu e o Paulo já viemos sabendo tudo.
os espanhóis	Os espanhóis já vieram sabendo tudo.

Change the following sentences to the preterite.

Você vem dos Estados Unidos.	Você veio dos Estados Unidos.
Eu venho aqui para dar uma aula.	Eu vim aqui para dar uma aula.
Nós vimos ver os novos atores.	Nós viemos ver os novos atores.
O médico vem ver os doentes.	O médico veio ver os doentes.
As atrizes já vêm para o teatro.	As atrizes já vieram para o teatro.
O menino já vem sabendo tudo.	O menino já veio sabendo tudo.
Eu venho ao edifício das Nações Unidas.	Eu vim ao edifício das Nações Unidas.
Eu e ela vimos ao concerto.	Eu e ela viemos ao concerto.
O embaixador e a embaixatriz vêm de navio.	O embaixador e a embaixatriz vieram de navio.
Eu venho para a escola de ônibus.	Eu vim para a escola de ônibus.

Repeat the preceding drill, changing the sentences from the preterite to the present tense.

Review the preterite of *ver* and *vir* by answering the following questions with the suggested words.

Que hora os atores vieram para o teatro? oito horas	Eles vieram às oito horas.
Quem você viu no edifício das Nações Unidas? o embaixador canadense	Eu vi o embaixador canadense.
O que é que vocês viram nesta rua? um bom apartamento	Nós vimos um bom apartamento.

Com quem ela veio à festa? o namorado	Ela veio à festa com o namorado.
O que é que você veio fazer? visitar um doente	Eu vim visitar um doente.
Quem ele viu na praia de Copacabana? um velho amigo	Ele viu um velho amigo.
Quem eles viram em Brasília? muita gente interessante	Eles viram muita gente interessante.
Como os senhores vieram do Brasil? de navio	Nós viemos de navio.
De onde você veio? dos Estados Unidos	Eu vim dos Estados Unidos.

(3) Object pronouns

O Fred me levou ao edifício das Nações Unidas.
Nós a vimos lá.
Com o guia que nos acompanhou.
Com quem você os aprendeu?
Eu as achei interessantes.

eu	me	nós	nos
você		vocês	
o senhor	o	os senhores	os
ele		eles	
você		vocês	
a senhora	a	as senhoras	as
ela		elas	

The object pronouns generally occur before the verb.

Substitute pronouns for the direct objects in the following sentences.

Ele viu a bandeira.	Ele a viu.
Ele comprou o apartamento.	Ele o comprou.
Ele levou as moças.	Ele as levou.
O Paulo viu as estrelas.	O Paulo as viu.
Ele compreendeu as colegas.	Ele as compreendeu.
Ele encontrou os rapazes.	Ele os encontrou.
Ele ouviu o professor.	Ele o ouviu.
Ele aprendeu a lição.	Ele a aprendeu.

Substitute in the model sentence the pronouns corresponding to the cued words.

	O guia nos acompanhou.
eu	O guia me acompanhou.
o Paulo	O guia o acompanhou.
a minha amiga	O guia a acompanhou.
os meus tios	O guia os acompanhou.
os médicos	O guia os acompanhou.
as moças	O guia as acompanhou.
eu e você	O guia nos acompanhou.
você (talking to a man)	O guia o acompanhou.
você (talking to a woman)	O guia a acompanhou.

	O Paulo me levou ao edifício.
os homens	O Paulo os levou ao edifício.
nós	O Paulo nos levou ao edifício.
a minha sobrinha	O Paulo a levou ao edifício.
vocês (talking to women)	O Paulo as levou ao edifício.
as suas primas	O Paulo as levou ao edifício.
a Ana Maria	O Paulo a levou ao edifício.
eu e você	O Paulo nos levou ao edifício.
o pintor	O Paulo o levou ao edifício.
vocês (talking to men)	O Paulo os levou ao edifício.

	Eu as achei interessantes.
a bandeira brasileira	Eu a achei interessante.
as cores	Eu as achei interessantes.
o símbolo	Eu o achei interessante.
os edifícios	Eu os achei interessantes.
o livro	Eu o achei interessante.
você (talking to a woman)	Eu a achei interessante.
o país	Eu o achei interessante.
os quadros de Portinari	Eu os achei interessantes.

(4) Colors

O que você achou das cores verde e amarelo?
Vocês viram as estrelas brancas?
O azul representa o céu.

branco 'white'	vermelho 'red'	claro 'light'
cinza 'grey'	roxo 'purple'	escuro 'dark'
preto 'black'	azul 'blue'	
	verde 'green'	
	amarelo 'yellow'	
	alaranjado 'orange'	
	cor de rosa 'pink'	
	marrom 'brown'	

The colors as adjectives generally agree in gender and number with the forms with which they stand in construction. However, *cor de cinza* 'grey' and *cor de rosa* 'pink' do not show inflected adjective forms.

Substitute the cued words in the model sentence.

	Vocês viram a estrela branca?
azul	Vocês viram a estrela azul?
amarela	Vocês viram a estrela amarela?
vermelha	Vocês viram a estrela vermelha?
verde	Vocês viram a estrela verde?
roxa	Vocês viram a estrela roxa?
cor de rosa	Vocês viram a estrela cor de rosa?
preta	Vocês viram a estrela preta?
alaranjada	Vocês viram a estrela alaranjada?

	O meu vestido é verde claro.
amarelo escuro	O meu vestido é amarelo escuro.
cor de rosa	O meu vestido é cor de rosa.
azul claro	O meu vestido é azul claro.
vermelho	O meu vestido é vermelho.
cor de cinza escuro	O meu vestido é cor de cinza escuro.
alaranjado	O meu vestido é alaranjado.
roxo claro	O meu vestido é roxo claro.

	Aqui há muitos livros amarelos.
vermelhos	Aqui há muitos livros vermelhos .
azuis	Aqui há muitos livros azuis.

pretos	Aqui há muitos livros pretos.
cor de rosa	Aqui há muitos livros cor de rosa.
verdes	Aqui há muitos livros verdes.
alaranjados	Aqui há muitos livros alaranjados.
roxos	Aqui há muitos livros roxos.
cor de cinza	Aqui há muitos livros cor de cinza.

Answer the following questions.

De que cor é o feijão?	O feijão é preto.
De que cor é o céu?	O céu é azul.
De que cor é o arroz?	O arroz é branco.
De que cor é o repolho?	O repolho é verde.

De que cor são as estrelas?	As estrelas são brancas.
De que cor é a laranja?	A laranja é alaranjada.
De que cor é a bandeira brasileira?	A bandeira brasileira é verde, amarela, azul e branca.
De que cor é a bandeira americana?	A bandeira americana é vermelha, branca e azul.

Review the use of the definite article with geographical names by substituting the cued words in the model sentence.

	Os meus pais chegaram de Belo Horizonte.
Bahia	Os meus pais chegaram da Bahia.
Brasil	Os meus pais chegaram do Brasil.
Brasília	Os meus pais chegaram de Brasília.
Portugal	Os meus pais chegaram de Portugal.
Pará	Os meus pais chegaram do Pará.
Estados Unidos	Os meus pais chegaram dos Estados Unidos.
Rio	Os meus pais chegaram do Rio.
França	Os meus pais chegaram da França.

Review both the definite article in expressions of time and the object pronouns. First, ask a question with the suggested item; then answer the question by using the second cued word and a form of the object pronouns.

os primos	Quando ela viu os primos?
semana passada	Ela os viu a semana passada.

os tios	Quando ela viu os tios?
outubro	Ela os viu em outubro.

a amiga	Quando ela viu a amiga?
janeiro	Ela a viu em janeiro.
o marido	Quando ela viu o marido?
semana passada	Ela o viu a semana passada.
a mãe	Quando ela viu a mãe?
verão	Ela a viu no verão.
o namorado	Quando ela viu o namorado?
dia de São João	Ela o viu no dia de São João.
os avós	Quando ela viu os avós?
outubro	Ela os viu em outubro.
as cunhadas	Quando ela viu as cunhadas?
ano passado	Ela as viu o ano passado.

Vocabulário

In the following vocabulary the numbers following an entry refer to the lesson in which the item first appears. A number in parenthesis refers to a vocabulary item introduced in one of the explanations of structure within a lesson; a number without parenthesis refers to a vocabulary item introduced in the dialogue of a lesson.

Unless otherwise noted nouns ending in -o are masculine and nouns ending in -a are feminine.

The abbreviations used in the various vocabulary entries are as follows:

aj	adjective	m	masculine
ajl	adjectival	n	noun
av	adverb	neg	negative
avl	adverbial	nl	nominal
c	conjunction	p	preposition
dem	demonstrative	pl	plural
f	feminine	sg	singular
interr	interrogative	v	verb
itj	interjection		

a p 'to, at' (3)

aberto -a aj 'opened' 4

abraço n 'embrace, gesture of greeting' (1)

abril n m 'April' 10

abrir v 'open' (Intro)

achar v 'think, believe' 7

acompanhar v 'accompany' 22

adiantado -a aj 'ahead' 16

advogado -a n 'lawyer' (16)

aeroporto n 'airport' 20

agora avl 'now' (Intro)

agosto n 'August' (10)

agradabilíssimo aj 'very agreeable' 20

água n 'water' 19

ah! itj 'oh!' ' 2

aí avl 'there' 9

ainda avl 'still, yet' 7

alaranjado -a aj 'orange' (color) (22)

além de avl 'besides' 7

Alemanha n 'Germany' (2)

alemão n m 'German language' (2)

alemão -ã n aj 'German' (2)

alguém nl 'someone' 20

algum -ma -ns -mas aj 'some, any' (20)

almoçar v 'eat lunch' 11

almoço n 'lunch' 6

alto - a aj 'tall' (3)

aluno -a n 'student' 1

amanhã avl 'tomorrow' (Intro)

amarelo -a aj 'yellow' 22

América do Sul n f 'South America' (4)

americano -a n aj 'American' 2

amigo -a n 'friend' 5

andar v 'walk' 19

animado -a aj 'gay, lively' 2

animal -ais n m 'animal' (15)

aniversário n 'birthday' 18

ano n 'year' (7)

antes avl 'before' 14

antigo -a aj 'old' (inanimate object) 17

ao à = a + o, a + a 'to the' (3)

apartamento n 'apartment' 19

aprender v 'learn' (6)

apresentação -ões n f 'introduction' 1

apresentar v 'introduce' 20

aquele -a dem 'that, those' 9
aqui avl 'here' 8
aquilo dem 'that' (Intro)
arroz n m 'rice' 6
artista n m/f 'artist' (13)
assunto n 'subject' 22
atacar v 'attack' 21
até p 'until' (Intro)
até logo 'see you later' (Intro)
atenção n f 'attention' (Intro)
ator atriz n 'actor, actress' 21
atrair v 'attract' (14)
atrasado -a aj 'behind, slow' 6
aula n 'class' (3)
avião -ões n m 'airplane' 20
avô avó n 'grandfather, grandmother' (5)
azul azuis aj 'blue' (15)

bagagem n f 'baggage' 7
bairro n 'suburb, neighborhood, district' 15
baixo -a aj avl 'short, low, under' (3)
bandeira n 'flag' 22
banheiro n 'bathroom' (4)
barão -onesa n 'baron, baroness' (21)
barato -a aj 'cheap' 9
barraca n 'stand' (market) 9
batata n 'potato' 6
beber v 'drink' 6
bem avl 'well' (Intro)
biblioteca n 'library' (17)
bicicleta n 'bicycle' (20)
bom boa bons boas aj 'good' (Intro)
bonito -a aj 'handsome, beautiful' 3
borracha n 'eraser' (11)
branco -a aj 'white' 22
brasa n 'ember' (17)
Brasil n m 'Brazil' 2
brasileiro -a n aj 'Brazilian' 2

cabeça n 'head' 18
cadeira n 'chair' 19
caderno n 'note book' 11

café n m 'coffee' (6)
café da manhã n m 'breakfast' (6)
caipira n m/f 'hillbilly' 12
cair v 'fall' (14)
calor n m 'heat' (6)
cama n 'bed' 19
Canadá n m 'Canada' (2)
canadense n aj m/f 'Canadian' (2)
caneta n 'pen' (Intro)
canjica n 'a dish made of grated corn, sugar, cinnamon, and coconut milk' 12
cansado -a aj 'tired' 4
cantar v 'sing' (2)
cão cães n m 'dog' (15)
capital -ais n aj 'capital' (15)
carioca n m/f 'name given to residents of Rio de Janeiro' 15
carne n f 'meat' (6)
caro -a aj 'expensive' 9
carro n 'car' 9
carta n 'letter' (8)
casa n 'home, house' 4
católico -a n aj 'Catholic' 3
cem 'one hundred' (12)
centésimo -a aj 'one hundredth' (13)
cento 'hundred' (combining form) (17)
certeza n 'certainty' 13
certo -a aj 'sure' 11
céu n m 'sky' 22
chegada n 'arrival' 20
chegar v 'arrive' 5
cheiroso -a aj 'fragrant' (15)
cidade n f 'city' 14
cinco 'five' (7)
cinqüenta 'fifty' (12)
cinza n f ajl 'grey, ash' (22)
ciúme n m 'jealousy' (6)
civil civis aj 'civil' (15)
claro -a aj 'light' (22)
clima n m 'climate' 10
clube n m 'club' 8
cocada n 'coconut candy' 12

coisa n 'thing' (6)

colega n m/f 'schoolmate, fellow class-
man' 3

com p 'with' 3

comandante n m 'commander' 17

começar v 'start' 8

com licença 'may I?, excuse me'
(Intro)

como av c 'how, like' (Intro)

compor v 'compose' (11)

comprar v 'buy' (9)

compreender v 'understand' (Intro)

comum -ns aj m/f 'common' (21)

concerto n 'concert' 8

confortável -áveis aj m/f 'comfortable'
(15)

conhecer v 'be acquainted with,
meet someone' 16

constante aj m/f 'constant' 10

contar v 'count' (Intro)

continuar v 'continue' 21

conversa n 'conversation' 15

conversar v 'converse' 16

convidado -a n 'guest' 12

convidar v 'invite' 20

corajoso -a aj 'brave' (15)

cor n f 'color' 13

cor de rosa aj m/f 'pink' (22)

corpo n 'body' 21

correr v 'run' (16)

cortês aj m/f 'courteous' (21)

cortina n 'curtain' 19

costa n 'back, coast' 21

cozinha n 'kitchen' 4

crer v 'think, believe' 21

criança n 'a child below the age of 13'
(13)

cristão -ã n 'Christian' (21)

Cuba n 'Cuba' (17)

cumprimento n 'greeting' (Intro)

cunhado -a n 'brother-in-law, sister-in-
law' 18

curso n 'course' (Intro)

dançar v 'dance' 3

daquele -a = de + aquele, de + aquela
'of that' (19)

daqui = de + aqui 'from here' 7

daquilo = de + aquilo 'of that' (19)

dar v 'give' 13

dar uma volta 'to go for a walk or for a
ride' 15

de p 'of, from' 5

decidir v 'decide' 7

décimo -a aj 'tenth' (13)

decorar v 'memorize' (10)

definido -a aj 'defined' 10

deitado -a aj 'lying down' 4

dele -a = de + ele, de + ela 'his' 4

de nada 'you're welcome' (Intro)

de novo 'again' 8

depois avl 'after' 11

depor v 'put down' (11)

depressa avl 'fast' (Intro)

deputado n 'congressman' 20

desaparecer v 'disappear' 11

desculpar v 'excuse' (Intro)

desde p 'from' 20

despedir v 'say good-bye to' (21)

deste -a = de + este, de + esta 'of
this' 6

Deus n m 'God' 19

devagar avl 'slowly' (Intro)

dever v 'have to, must, ought to' 6

dez 'ten' 7

dezembro n 'December' 10

dezenove 'nineteen' (12)

dezesseis 'sixteen' (12)

dezessete 'seventeen' (12)

dezoito 'eighteen' (12)

dia n m 'day' (Intro)

diálogo n 'dialogue' 13

diferente aj m/f 'different' 10

difícil -íceis aj m/f 'difficult' (15)

dinheiro n 'money' (17)

direito n aj ajl 'law, right' 3

discutir v 'discuss' 7

dispor v 'dispose' (11)

distrito n 'district' 22

diversão -ões n f 'diversion, amusement'

dizer v 'say, tell' (Intro)

do da = de + o, de + a 'of the' 2

doce de leite n m 'a candy made of milk and sugar' 12

doente aj m/f 'sick' 4

dois duas 'two' 7

domingo n 'Sunday' 8

dona n 'a title used before a lady's first name' (1)

do que 'than' 14

dor n f 'pain' 21

doutor -a n 'doctor' (university degree, mark of prestige or of high social level) 16

doze 'twelve' 7

duque -sa n 'duke, duchess' (21)

duzentos -as 'two hundred' (17)

dúzia n 'dozen' (9)

e c 'and' (Intro)

edifício n 'building' 22

ele ela 'he, she' (1)

elevador n m 'elevator' (20)

em p 'in' 2

embaixador -triz n 'ambassador, ambassador's wife' (21)

empregado -a n 'servant' 11

encerrar v 'enclose' 22

encontrar v 'find' 11

encontro n 'appointment' 16

engenheiro n 'engineer' (16)

enorme aj m/f 'huge' 7

então 'well, then' 21

entrar v 'enter' 17

erro n 'mistake' (20)

escola n 'school' 11

escolher v 'choose' (16)

escrever v 'write' (6)

escritório n 'office' 4

escuro -a aj 'dark' (22)

Espanha n 'Spain' (2)

espanhol n m 'Spanish language' 2

espanhol -ola -óis -olas 'Spaniard, Spanish' 2

esperar v 'wait for' 5

esposo -a n 'husband, wife' (7)

esquadra n 'fleet' 17

esquecer v 'forget' (16)

esse -a dem 'that' 9

estação -ões n f 'train station, season of the year' (7)

estado n 'state' 14

Estados Unidos n 'United States' 2

estar v 'be' (Intro)

este -a dem 'this' (3)

estrela n 'star' 22

estudar v 'study' 2

estudioso -a aj 'studious' (15)

eu 'I' 1

excelente aj m/f 'excellent' 15

fábrica n 'factory' 15

fácil -áceis aj m/f 'easy' (15)

falar v 'speak' (Intro)

faltar v 'lack' 16

família n 'family' 5

famoso -a aj 'famous' 15

farofa n 'a dish made of flour, butter and other ingredients' 6

favela n 'slum' (3)

fazer v 'make, do' 6

fechar v 'close' (Intro)

federal -ais aj m/f 'federal' 22

feijão -ões n m 'beans' 6

feio -a aj 'ugly' (3)

feira n 'open air market' (9)

feira livre n f 'open air market' 9

feliz aj m/f 'happy' (3)

festa n 'party' 3

fevereiro n 'February' 10

ficar v 'become, be (location)' 17

filho -a n 'son' 'daughter' (5)

fim de semana 'week-end' 20

fome n f 'hunger' 6

França n 'France' (2)
francês n m 'French language' (2)
francês -esa n aj 'Frenchman, French (2)
fresco -a aj 'fresh' 9
frio -a aj 'cold' (6)
fruta n 'fruit' 9
funcionário -a n 'employee' 16
fundo n 'bottom, depth' 4
funil funis n m 'funnel' (15)
fuzil fuzis n m 'rifle' 15

ganhar v 'earn' (5)
garganta n 'throat' 21
gaveta n 'drawer' (11)
genro n 'son-in-law' (18)
gente n f 'people' 2
gentil gentis aj m/f 'polite, gentle' (15)
ginásio n 'high school, grades 6 to 10' 11
gostar de v 'like' (6)
gostoso -a aj 'tasty' (15)
governo n 'government' 20
grande aj m/f 'big, great' (3)
grupo n 'group' 20
guia n m 'guide' 22

há 'there is, there are' 10
haver v 'exist' 10
hein itj 'you know!' 12
história n 'history' 17
hoje avl 'today' (3)
homem -ns n 'man, men' 13
hora n 'hour' 6
hospital -ais n m 'hospital' (16)
hotel -éis n m 'hotel' (15)

idéia n 'idea' (20)
igreja n 'church' (16)
imaginar v 'imagine' 18
impedir v 'impede' 21
imperador -triz n 'emperor, empress' (21)
importante aj m/f 'important' 20

independente aj m/f 'independent' 17
infantil -tis aj 'childish' (15)
inflamação -ões n f 'inflamation' 21
informação -ões n f 'information' 14
informar v 'inform' 14
Inglaterra n 'England' (2)
inglês n m 'English language' 2
inglês -esa n aj 'Englishman, British' 2
intelectual -ais aj m/f 'intellectual' 8
inteligente aj m/f 'intelligent' 3
interessante aj m/f 'interesting' 20
introdutório -a aj 'introductory' (Intro)
inverno n 'winter' 10
ir v 'go' (Intro)
irmão -ã n 'brother, sister' 5
irônico -a aj 'ironic' 13
isso dem 'that' (9)
isto dem 'this' (Intro)
isto mesmo 'that's right, exactly' 6
Itália n 'Italy' (2)
italiano n 'Italian language' (2)
italiano -a n aj 'Italian' (2)
já avl 'now, already, yet' 7
janeiro n 'January' 10
jantar n m 'dinner' (6)
Japão n m 'Japan' (2)
japonês n m 'Japanese language' (2)
japonês -esa n aj 'Japanese' (2)
julho n 'July' (10)
junho n 'June' (10)

lá avl 'there' 9
lado n 'side' 4
lápis n m sg/pl 'pencil' (4)
laranja n 'orange' (fruit) 9
leão -oa n 'lion, lioness' (21)
ler v 'read' 21
levar v 'take' 22
lição -ões n f 'lesson' (Intro)
licença n 'permission' (Intro)
lindíssimo -a aj 'very beautiful' 15
língua n 'language' (2)
linha n 'line' 13

Lisboa n 'Lisbon' (17)
livro n 'book' (Intro)
lixo n 'trash' 11
logo avl 'soon, right away' (Intro)
louro -a aj (blonde) 3
lugar n m 'place' 7

madeira n 'wood' (4)
madrinha n 'godmother' (21)
mãe n f 'mother' 5
maio n 'May' (10)
maior aj m/f 'bigger, greater' 14
mais avl 'more' (Intro)
mal avl 'badly' 6
mala n 'suitcase' 7
malão -ões n m 'trunk' 7
maleta n 'small suitcase' 7
mão n f 'hand' (15)
mamãe n f 'mammy, mama, mom' 12
manhã n f 'morning' (7)
maravilhosamente av 'wonderfully' 3
março n 'March' 10
marido n 'husband' (7)
mas c 'but' 2
mau má aj 'bad' 13
me 'me, myself, to me' 14
médico -a n 'medical doctor' 21
medo n 'fear' (6)
meia-noite n f 'midnight' (16)
meio n 'half, middle' (16)
meio-dia n m 'noon' (16)
melhor aj m/f 'better' 14
melhorar v 'improve' 21
menino -a n 'little boy' 'little girl' (18)
menor aj m/f 'smaller' (14)
menos avl 'less' 13
mês meses n m 'month' (7)
mesa n 'table' 11
mesmo -a n aj 'same thing, even' 10
meu minha 'my' 1
México n 'Mexico' (2)
mexicano -a n aj 'Mexican' (2)
mil 'thousand' 17
milésimo -a aj 'thousandth' (13)

milhão -ões 'million' (17)
mim 'me' (object of preposition) 21
ministério n 'federal-level department'
    (government) 16
ministro n 'minister' 20
minuto n 'minute' (7)
mobília n 'furniture' 19
mobiliado -a aj 'furnished' 19
moço -a n 'youngman, boy, young
    lady, girl' 3
momento n 'moment' (3)
morar v 'reside, live' 5
morrer v 'die' 6
muito avl 'very, very much' (Intro)
muito prazer 'pleased to meet you' 1
muitos -as aj 'many' (Intro)
mulher n f 'woman' (7)
municipal -ais aj 'municipal' 8
museu n m 'museum' 15
músico n 'musician' (13)

nação -ões n f 'nation' 22
nacionalidade n f 'nationality' 2
nada neg 'nothing' 6
namorado -a n 'boyfriend, girl-friend'
    (16)
não neg 'no, not' (Intro)
naquele -a = em + aquele, em + a-
    quela 'in that' (19)
naquilo = em + aquilo 'in that (19)
naturalmente av 'naturally' 6
navio n 'boat' (20)
nem neg 'not even, neither' 11
nenhum -ma -ns -mas neg 'none, no
    one, not any' (20)
nervoso -a aj 'nervous' (15)
neste -a = em + este, em + esta 'ir
    this' 19
ninguém neg 'no one, nobody' 20
nisto = em + isto 'in this' (19)
no na = em + o, em + a 'in the' 2
noite n f 'night' (Intro)
nome n m 'name' (Intro)
nono -a aj 'ninth' (13)

nos 'us' 22
nós 'we' (1)
nosso -a aj 'our' (5)
nove 'nine' (7)
novecentos -as 'nine hundred' (17)
novembro n 'November' (10)
noventa 'ninety' (12)
novo -a aj 'new' (14)
num numa nuns numas = em + um,
    em + uma, em + uns, em + umas 'in
    a, in some' 19
número n 'number' 3
nunca avl 'never, ever' 19

o a 'the, him, her, it, you' (Intro)
obrigado -a aj 'thank you' (Intro)
ocupar v 'occupy' 17
oitavo -a aj 'eighth' (13)
oitenta 'eighty' (12)
oito 'eight' 5
oitocentos -as 'eight hundred' 17
olhar v 'look' 3
olho n 'eye' (15)
onde interr 'where' (Intro)
ônibus n m sg/pl 'bus' (15)
ontem avl 'yesterday' (7)
onze 'eleven' (7)
ópera n 'opera' 8
ordem n f 'order' (22)
ótimo -a aj 'wonderful' 18
ou c 'or' (6)
outono n 'Autumn' 10
outro -a aj 'another' (Intro)
outubro n 'October' (10)
ouvido n 'ear, hearing' 21
ouvir v 'hear' 21
ovo n 'egg' (9)

padrinho n 'godfather' (21)
pai n m 'father' 5
pais n m/pl 'fathers, parents' 5
país n m 'country' (2)
palavra n 'word' (Intro)
pão pães n m 'bread' (15)

papel -éis n m 'paper' (4)
para p 'for, to, toward, for the pur-
    pose of, in order to' 3
parecer v 'seem, appear' 6
parente n m/f 'relative' 5
parte n f 'part' 17
partir v 'leave, depart' 7
passado -a n aj 'past, last' 18
pasta n 'brief case' 11
paulista n m/f 'a person from São
    Paulo' 15
pedir v 'ask' (Intro)
peito n 'chest' 21
peixe n m 'fish' (9)
pelo -a = por + o, por + a 'by the,
    through, the, for the' 13
pensar (em) v 'think (of) 2
pequeno -a aj 'small, little' (3)
pêra peras n 'pear' (9)
perder v 'lose' 13
pergunta n 'question' (Intro)
perguntar v 'ask a question' (Intro)
perto avl 'near, next to' 4
pêssego n 'peach' (9)
pessoa n 'person' 5
picadinho n 'a Brazilian stew' 6
pílula n 'pill' 21
pintor -a n 'painter' 13
pior aj m/f 'worse' 14
pires n m sg/pl 'saucer' (15)
pobre aj m/f 'poor'
poder v 'be able, can' 13
pois não 'yes, of course' (Intro)
poltrona n 'arm chair' 19
ponto n 'point' 16
por p 'by, through, for' (Intro)
pôr v 'put' 9
por favor 'please' (Intro)
por que 'why' (5)
porção -ões n f 'portion, share, heap'
    12
porque 'because, why' (6)
porta n 'door' 4
porteiro n 'janitor' 19

Portugal n 'Portugal' (2)
português n m 'Portuguese language' (Intro)
português -esa n aj 'Portuguese' (2)
possível -íveis aj m/f 'possible' 16
pouco -a aj 'a little, few' (Intro)
praia n 'beach' 10
praticar v 'practice' 2
prazer n m 'pleasure' (Intro)
presente n m 'gift' (15)
pressa n 'haste, speed' (6)
prestar atenção 'pay attention' (Intro)
preto -a n aj 'black' (22)
primavera n 'spring' (10)
primeiro -a aj 'first' 13
primo -a n 'cousin' 5
principal -ais aj m/f 'principal, main' 12
procurar v 'look for' 19
professor n 'teacher' 7
progresso n 'progress' 14
pronto -a aj 'ready' 7

quadragésimo -a aj 'fortieth' (13)
quadrilha n 'Brazilian square-dance' (12)
quadro n 'painting, picture' 13
qual quais interr 'which' 3
qualquer quaisquer 'any' 6
quando interr 'when' 5
quanto -a interr 'how much, how many' (5)
quarenta 'forty' (12)
quarta-feira n 'Wednesday' 8
quarto n 'room' 4
quarto -a aj 'fourth' (13)
quase avl 'almost, nearly' 18
quatorze 'fourteen' (12)
quatro 'four' (7)
quatrocentos -as 'four hundred' (17)
que 'that, what, who, which' 2
quem interr 'who' 3
quente aj m/f 'hot' 10
querer v 'want' (Intro)

quinhentos -as 'five hundred' 17
quinta-feira n 'Thursday' 8
quinto -a aj 'fifth' (13)
quinze 'fifteen' (12)
raiva n 'anger' (6)
rapaz -es n 'boy, young man' 3
razão -ões n f 'reason' 13
receber v 'receive' (16)
rei n m 'king' (13)
relógio n 'clock, wrist watch' 16
remédio n 'medicine' 21
repetir v 'repeat' (Intro)
repolho n 'cabbage' 9
representar v 'represent' 22
residência n 'residence' 7
residencial -ais aj m/f 'residential' (15)
resolver v 'decide, resolve' 16
responder v 'answer, respond' (Intro)
restaurante n m 'restaurant' (16)
reunir v 'meet together, gather' (7)
rico -a aj 'rich' (3)
rir v 'langh' 18
roxo -a aj 'purple' (22)
rua n 'road, street' (16)
ruim ruins aj m/f 'bad, wicked' (14)

sábado n 'Saturday' 8
saber v 'know, learn about' 13
sabor n m 'flavor' 9
sair v 'leave' 14
sala n 'room' (Intro)
salgadinho n 'hors d'oeuvres' (18)
samba n m 'samba, a well known Brazilian dance' 3
satisfação -ões n f 'satisfaction' (15)
sede n f 'thirst' 6
segunda-feira n 'Monday' 8
segundo -a aj 'second' (13)
seis 'six' 5
seiscentos -as 'six hundred' (17)
sem 'without'
semana n 'week' 5
sempre avl 'always' (3)
senador n 'senator' 20

senhor n 'you, Mr.' (4)
senhora n 'you, Mrs.' (4)
senhorita n 'Miss' 7
sentir v 'feel, be sorry' 18
ser v 'be' (Intro)
sessenta 'sixty' (12)
sete 'seven' (7)
setecentos -as 'seven hundred' (17)
setembro n 'September' (10)
setenta 'seventy' (12)
sétimo -a aj 'seventh' (13)
seu sua 'your' (Intro)
Seu 'Mr.' 9
sexta-feira n 'Friday' (8)
sexto -a aj 'sixth' (13)
sim 'yes' (Intro)
símbolo n 'symbol' 22
simpático -a aj 'nice' 3
simples aj m/f, sg/pl 'simple, modest'
    (16)
situação -ões n f 'situation' 16
só aj m/f 'alone, just, only' 5
sobre p 'about, on' 10
sobrinho -a n 'nephew, niece' 18
sofá n m 'sofa' 19
sofrer v 'suffer' (16)
sogro -a n 'father-in-law, mother-in-
    law' 16
sol sóis n m 'sun' 15
solteirão -ona n 'bachelor, unmarried
    woman' (21)
sono n 'sleep' (6)
sorte n f 'luck' 19
sozinho -a aj 'alone' 20
suave aj m/f 'soft' 13

também avl 'also' 3
tanto -a aj 'so much, as much' (14)
tão 'so, very, as . . . as' 6
tapete n m 'carpet' 19
tarde n f avl 'afternoon, late' (Intro)
táxi n m 'taxi' (20)
teatro n 'theater' 8
telefone n m 'telephone' 3

tempo n 'time, weather' 18
ter v 'have' 9
terça-feira n 'Tuesday' 8
terceiro -a aj 'third' 13
terminar v 'finish, end' (3)
ter que 'have to' 10
tio tia n 'uncle, aunt' (5)
tios n 'aunt and uncle' (5)
todo -a aj 'every, each, all' 1
todos os dias 'everyday' 2
tomar v 'take' 21
tornar v 'become' (7)
trabalhar v 'work' (2)
trabalho n 'work' (11)
trair v 'betray' (14)
transformar v 'transform, change' 14
trazer v 'bring' 12
trem n m 'railroad train' (7)
três 'three' (7)
treze 'thirteen' (12)
trezentos -as 'three hundred' (17)
trigésimo -a aj 'thirtieth' (13)
trinta 'thirty' (12)
tudo 'everything' 11

um uma uns umas 'a, one, some'
    (Intro)
único -a aj 'only' 13
unido -a aj 'united' 22
universidade n f 'university' 3

valentão -ona aj 'boastful' (21)
vantagem -ns n f 'advantage' 15
velho -a aj 'old, old person' (3)
vender v 'sell' (6)
ver v 'see' 13
verão -ões n m 'summer' 10
verde aj m/f 'green' 22
verdura n 'vegetable' 9
vermelho -a aj 'red' (22)
vestido n 'dress' (17)
vez n f 'time' (Intro)
viagem -ns n f 'trip' 20
viajar v 'travel' 10

vigésimo -a aj 'twentieth' (13)
vinte 'twenty' 12
vir v 'come' 8
visita n 'visit' 21
visitar v 'visit' 15
viver v 'live' 15
você 'you' (Intro)
volta n 'return, turn' 15

Abbreviations used:

Dr. = doutor
Sr. = senhor